GRUNDLAGEN UND G
DE

FRIEDRICH DÜRRENMATT: DER BESUCH DER ALTEN DAME

von
SIGRID MAYER

VERLAG MORITZ DIESTERWEG
Frankfurt am Main

Die Reihe wird herausgegeben von Hans-Gert Roloff.

ISBN 3-425-06080-5

6. Auflage 1992

© 1981 Verlag Moritz Diesterweg GmbH & Co., Frankfurt am Main.
Alle Rechte vorbehalten. Das Werk und seine Teile sind urheberrechtlich geschützt.
Jede Verwertung in anderen als den gesetzlich zugelassenen Fällen bedarf deshalb
der vorherigen schriftlichen Einwilligung des Verlags.

Umschlaggestaltung: Reinhard Schubert, Frankfurt am Main
Gesamtherstellung: Druckerei Appl, Wemding

Inhalt

1 Allgemeine Grundlagen

1.1 Welt als Komödie – literaturhistorische und philosophische
    Begründungen 4
1.2 Verhältnis zu Brecht 9
1.3 Das Groteske als Darstellungsform und Stilqualität 13
1.4 Stoff als »Einfall« 14

2 Zur Werkgeschichte

2.1 Chronologische Übersicht 16
2.2 Zur Entstehung des Werkes 17
2.3 Das Werk im Kontext der übrigen Werke 18
2.4 Stoffliche und motivische Vergleichsmöglichkeiten zur *Alten Dame* .. 21

3 Struktur des Textes 22

4 Wort- und Sachkommentar 28

    Friedrich Dürrenmatt: »Randnotizen, alphabetisch geordnet« 30

5 Gedanken und Probleme

5.1 Stilistische und sprachliche Darstellungsmittel 32
5.2 Analytische Fabel und Prozeß-Struktur 38
5.3 Mythische, christliche und kultische Deutungsmöglichkeiten 39
5.4 Zum politischen Aussagegehalt des Stückes 44
5.5 Inwiefern vollzieht sich im *Besuch der alten Dame* ein Ausverkauf
    humanistischer Werte? 50
5.6 Ill als Beispiel des »mutigen Menschen« 56
5.7 Die Frage nach der Gerechtigkeit 59

*6 Die »Alte Dame« auf der Bühne: Aufführungsgeschichte und kritische
    Rezeption*

6.1 Zur Aufführungsgeschichte 64
6.2 Dokumentation 66

7 Literaturverzeichnis 79

1 Allgemeine Grundlagen

1.1 Welt als Komödie – literaturhistorische und philosophische Begründungen

Die Entwicklung des deutschsprachigen Theaters nach dem zweiten Weltkrieg ging in entscheidendem Maße von den frühen Bühnenwerken der Schweizer Autoren Max Frisch und Friedrich Dürrenmatt aus. In bemerkenswerter Unabhängigkeit von den verschiedenartigen Strömungen, denen seitdem das deutsche und westeuropäische Theater gefolgt ist, haben diese beiden Autoren in den letzten Jahrzehnten ihre je eigene Werkentwicklung vollzogen, so daß es zu diesem Zeitpunkt ebenso verfrüht wie verfehlt wäre, etwa das Bühnenwerk Friedrich Dürrenmatts einer bestimmten dramaturgischen Schule oder Begriffskategorie unterordnen zu wollen. Die Gattungsbezeichnung »Komödie« für die meisten Bühnenstücke dieses Autors begründet, streng genommen, das einzige kategorische Prinzip, dem sich sein Bühnenwerk unterordnen läßt. Daß es sich jedoch bei Dürrenmatts Komödien weder um eigentliche »Lustspiele« noch um Komödien im traditionellen Verständnis handelt, geht bereits daraus hervor, daß bei ihm die Bezeichnung »Komödie« anfänglich noch in modifizierter Form erscheint; so etwa als »Eine ungeschichtliche historische Komödie« *(Romulus der Große)*, »Eine fragmentarische Komödie« *(Ein Engel kommt nach Babylon)*, »Eine tragische Komödie« *(Der Besuch der alten Dame)*, oder auch »Eine Prosakomödie« *(Grieche sucht Griechin)*.

In seinen dramaturgischen Schriften, die in den Bänden *Theater- Schriften und Reden* (1966) und *Dramaturgisches und Kritisches. Theater- Schriften und Reden II* (1972) zusammengefaßt sind, geht Dürrenmatt prinzipiell von der Frage aus: Wie läßt sich unsere heutige Welt noch auf der Theaterbühne darstellen? Die Überzeugung, daß dies nicht mehr mit den Mitteln des mimetischen Theaters bzw. mit der klassischen oder klassizistischen Form der Tragödie aristotelischer Tradition möglich sei, teilt dieser Autor mit den meisten Bühnenschriftstellern des zwanzigsten Jahrhunderts. Denn die Unzeitgemäßheit der Aristotelischen Tragödie, die Dürrenmatt in den *Theaterproblemen* von 1955 noch einmal eindrucksvoll begründet, ist im Grunde schon seit Georg Büchner, besonders aber seit der expressionistischen Bühne, seit Pirandello und der explizit auf ein episch-didaktisches Theater zielenden Dramaturgie Bert Brechts kein novum mehr. Vielmehr bestätigt Dürrenmatt mit der in den *Theaterproblemen* dargestellten Auffassung, die im einzelnen noch zu erläutern ist, seinen Anschluß an die generellen Strömungen zeitgenössischen Theaters, ein Anschluß, den es allerdings im deutschsprachigen Bereich nach 1945 neu zu vollziehen galt.

Dürrenmatts Begründung der Unmöglichkeit, die historischen Ereignisse unseres Jahrhunderts etwa noch mit der Dramatik Schillers zu erfassen, beruht auf dem Grundsatz: »Die Tragödie setzt Schuld, Not, Maß, Übersicht, Verantwortung voraus.« (*Theater-Schriften*, S. 122) Aus dem Folgenden geht hervor, daß in unserer Zeit gerade diese Voraussetzungen fehlen, insbesondere auch die Voraussetzung der »Übersicht« oder »Überschaubarkeit«:

»Schiller schrieb so, wie er schrieb, weil die Welt in der er lebte, sich noch in der Welt, in der er schrieb, die er sich als Historiker erschuf, spiegeln konnte. Gerade noch. War doch Napoleon vielleicht der letzte Held im alten Sinne. Die heutige Welt, wie sie uns erscheint, läßt sich dagegen schwerlich in der Form des geschichtlichen Dramas Schillers bewältigen, allein aus dem Grunde, weil wir keine tragischen Helden sondern nur Tragödien vorfinden, die von Weltmetzgern inszeniert und von Hackmaschinen ausgeführt werden. Aus Hitler und Stalin lassen sich keine Wallensteine mehr machen. Ihre Macht ist so riesenhaft, daß sie selber nur noch zufällige äußere Ausdrucksformen dieser Macht sind, beliebig zu ersetzen. [...] Die Macht Wallensteins ist eine noch sichtbare Macht, die heutige Macht ist nur zum kleinsten Teil sichtbar, wie bei einem Eisberg ist der größte Teil im Gesichtslosen, Abstrakten versunken.« (*Theater-Schriften*, S. 119)

Des Autors theoretische Demonstration der *Unbrauchbarkeit* der überlieferten *Tragödien*form, einer Form, die sich u. a. durch die Gestalt eines tragischen Einzelhelden auswies, der im Untergang beispielhafte Größe und eine gewisse Transzendenz der menschlichen Bedingtheit erlangte, ist insofern aufschlußreich, als dieser Autor eine alternative Darstellungsmöglichkeit der heutigen Welt gerade im Begriff der *Komödie* zu finden glaubt, in einer Form also, die zwar ebenso traditionsbelastet ist wie die der Tragödie, die jedoch als Träger neuer Bühnenexperimente und -möglichkeiten von Dürrenmatt wiederentdeckt und gleichsam vereinnahmt wird. An Rezeptionsbedingungen kommt während der ersten Nachkriegsjahrzehnte »ein theatergeschichtliches Vakuum« hinzu, ein Bedarf an »aktuellen Komödientexten«, so daß Dürrenmatts Hinwendung zu zeitgenössischen Stoffen in der Form der Komödie »offensichtlich dem Publikumsbedürfnis der vierziger und fünfziger Jahre entgegenkam« (Gerhard P. Knapp, 1980, S. 43).
Eine Differenzierung und Abgrenzung des Dürrenmattschen Komödienbegriffs innerhalb dieser an sich vagen Gattungsbezeichnung findet sich in der Schrift *Anmerkung zur Komödie* von 1952 und den *Dramaturgischen Überlegungen zu den ›Wiedertäufern‹* von 1967. Hier unterscheidet der Autor zwischen drei grundsätzlich möglichen Arten von Komödie. Einmal sieht er in der traditionellen Komödienform, die bei Molière ihre schärfste Ausprägung erhielt, die sogenannte Gesellschafts- oder Typenkomödie. Ihre Komik sei in typisierten Handlungsträgern und Stoffen begründet, das heißt sie beruht auf »Gestalten *und* Handlung«. (Beispiele: *Der Geizige, Der Neureiche,* usw.) Dagegen grenzt der Autor eine zweite Art der Komödie ab, die nur auf der Komik von Gestalten beruht, z. B. der Gestalt des Clowns. Schließlich unterscheidet Dürrenmatt einen dritten Komödientyp, in dem vor allem die Handlung komisch sei, ohne daß die Gestalten oder Handlungsträger an sich notwendig komisch wären. Diese Art der Komödie, also die Komödie der reinen Handlung, bezeichnet Dürrenmatt auch als »Welttheater«, und er sieht ihr erstes historisches Vorbild in den zeitkritischen Komödien des Aristophanes (etwa 450–387 vor Chr.). In der *Anmerkung zur Komödie*, also

bereits 1952, geht der Autor ausführlicher auf die Wesensmerkmale dieses von ihm bevorzugten Komödientypus ein. Er betont, daß die Stoffe des Aristophanes nicht auf Mythen beruhen wie diejenigen der Tragiker, sondern auf Einfällen, auf erfundenen Handlungen im Rahmen der Gegenwart:

»In den ›Acharnern‹ schließt ein attischer Bauer mitten im peloponnesischen Krieg mit den Spartanern einen Privatfrieden, in einer [...] andern Komödie errichten die Vögel zwischen Himmel und Erde ein Zwischenreich und zwingen so Menschen und Götter zur Kapitulation, im ›Frieden‹ steigt man mit einem Riesenkäfer in den Himmel, um den Frieden, eine Hure, der Menschheit zurückzubringen, in der ›Lysistrata‹ gelingt es den Frauen, durch ein simples, aber erfolgreiches Mittel, den Krieg zwischen den griechischen Männern zu beenden.« (*Theater-Schriften*, S. 132 f.)

Diese von Dürrenmatt aufgezählten Beispiele alt-attischer Komödien zeigen, daß es sich in jedem Fall um einen gesonderten »Einfall« handelt; sie zeigen aber auch den zeitgenössisch »politischen« Charakter dieser Komödien. Doch wird nicht etwa ein bestehender gesellschaftlicher Mangel satirisch angegriffen, sondern eine unerhörte Möglichkeit wird durchgeführt, ein Versuchsmodell wird geschaffen. Die Komik ergibt sich aus der dargestellten Handlung, nicht aus exzessiven Charaktereigenschaften von Einzeltypen.

Über die Bedingungen, die eine Handlung komisch werden lassen, finden sich an verstreuten Stellen der dramaturgischen Schriften folgende Bemerkungen:

»Die komische Handlung ist die paradoxe Handlung, eine Handlung wird dann paradox, ›wenn sie zu Ende gedacht wird‹«; [und] »Eine Geschichte ist dann zu Ende gedacht, wenn sie ihre schlimmst-mögliche Wendung genommen hat«; [und] »Die schlimmstmögliche Wendung, die eine Geschichte nehmen kann, ist die Wendung in die Komödie.« (*Theater-Schriften II*, S. 172; *Theater-Schriften*, S. 193; *Theater-Schriften II*, S. 164)

Von den Dürrenmattschen Begriffen des Paradoxen bzw. des Grotesken wird unten noch die Rede sein.

Die in der Tradition des Aristophanes, Shakespeares, Kleists und der Wiener Volkskomödie überlieferte »Komödie des Welttheaters«, also eine Art der Komödie, die nicht nur die Charakterexzesse einzelner Typen oder bestimmte gesellschaftliche Verhaltensweisen satirisch bloßstellt, sondern die »ein Weltmodell zu schaffen vermag« (Beda Allemann, 1969, S. 204), erweist sich aus verschiedenen Gründen als ein geeignetes Instrument für den Dramatiker unserer Zeit. Erstens ist, wie bereits hervorgehoben, die Zuständigkeit der Komödie für uns historisch bedingt. Der tragische Tatbestand unserer unüberschaubar gewordenen Welt läßt sich nicht länger in tragischen Einzelhelden verkörpern. Ein anonymer Massentod ist an die Stelle des Heldentodes getreten. Bei Dürrenmatt wird der sinnentleerte Tod des Einzelnen häufig durch das Motiv des Todes von Henkershand aufgezeigt. Beda Allemann sieht in dieser Ablösung des tragischen Todes vom Henkerstod »den künstlerischen Weg zu einer originellen und für die Untergründe des modernen Bewußtseins symbolkräftigen Lösung« (Allemann, 1968, S. 431). Da also jede den Einzeltod tragisch veredelnde Form des Dramas ausscheidet, weil sie unserer Wirklichkeit nicht mehr gerecht wird, schließt Dürrenmatt: »Uns kommt nur noch die Komödie bei.« (*Theater-Schriften*, S. 122)

Zweitens empfiehlt sich die Komödie als zeitgenössisches Bühnenmedium aufgrund ihrer distanzschaffenden Qualität. (An dieser Stelle überschneidet sich die Dürrenmattsche Dramaturgie der Komödie teilweise mit den Prämissen von Brechts epischem Theater; auf die Unterschiede wird unten näher eingegangen). Im Gegensatz zur Tragödie, die durch das Erregen von Furcht und Mitleid den Zuschauer zur Identifizierung mit dem Helden herausforderte, ist die Komödie das eigentliche Theater der Nichtidentifikation. Denn »unser Gelächter ist die Kraft, die den komischen Gegenstand von uns wegtreibt« (*Theater-Schriften II*, S. 171). Noch einfacher formuliert: »Distanz wird durch den Humor möglich.« (*55 Sätze über Kunst und Wirklichkeit*, Satz 30. In: *Text + Kritik 56*, 1977, S. 21) Diese Distanz hat bei Dürrenmatt zweierlei Funktion: Sie soll einmal eine Art Übersicht über unsere unübersichtlich gewordene Welt ermöglichen. Sie soll aber auch dem Zuschauer die Freiheit garantieren, über diese Welt zu lachen oder nachdenklich zu werden, sie zu ertragen oder zu ändern zu suchen.
Ein dritter Vorzug der Komödie ist ihr »Mausefalleneffekt«. Dieser besteht darin, daß die Komödie, indem sie das gemeinsame Gelächter der Zuschauer hervorruft, aus der anonymen Menge der Theaterbesucher ein Publikum schafft. In dieser Beziehung wirkt die komische Darstellungsform als Köder, der den einzelnen Zuschauer in eine Falle lockt. Einmal in dieser Falle, kann er als Publikum »angegriffen, verführt, überlistet werden, sich Dinge anzuhören, die er sich sonst nicht so leicht anhören würde« (*Theater-Schriften*, S. 124).
Obwohl Dürrenmatt der Komödie durch solche historischen, philosophischen und theaterpraktischen Erwägungen eine neue Bestimmung und Funktion als »Welttheater« zugewiesen hat, stellt sie in der Geschichte des modernen Dramas kein völlig neuartiges Phänomen dar. Als Vehikel für gesellschaftliche Satire, als Reaktion auf verlorene Kriege und als Ausdrucksform für die Unstimmigkeit und Zerrissenheit unserer Welt taucht die Komödie, teilweise als Tragikomödie, seit der Frühromantik und dem Beginn des neunzehnten Jahrhunderts mit zunehmend ernsthaften Ansprüchen auf. Wenn in Karl S. Guthkes *Geschichte und Poetik der deutschen Tragikomödie* (1961, S. 361) etwa davon die Rede ist, daß »aus Gründen des geistesgeschichtlichen Standorts der Moderne« die Form der Tragödie zumal seit der Nachkriegszeit unmöglich geworden sei, so wird damit auf den sich bereits im 19. Jahrhundert anbahnenden Verlust jeglicher Transzendenz oder metaphysischen Sinngebung hingewiesen, der durch die Erfahrung der beiden Weltkriege endgültig besiegelt wurde. So hat auch Dürrenmatt bemerkt, daß beispielsweise Wolfgang Borcherts Stück *Draußen vor der Tür* ebenso gut nach dem ersten wie nach dem zweiten Weltkrieg geschrieben sein könnte, und daß seine eigene unveröffentlichte *Komödie* manches mit diesem gemeinsam habe (vgl. Dieter Fringeli, *Nachdenken mit und über Friedrich Dürrenmatt*, [1978]). Als Zeitgenosse Dürrenmatts in den fünfziger Jahren umreißt Fritz Martini die geistesgeschichtliche Entwicklung, die zur Tragischen Komödie Dürrenmatts führt.

»Das Grausige und das Groteske sind Formen, in denen sich das Sinnlose manifestiert. Wo sie freigelassen werden, hat die Tragödie das Spiel verloren. Sie gab dem Tod den Sinn der

Wiederherstellung der Weltordnung und Gottesordnung; im griechischen Drama wie bei Shakespeare, Racine, Schiller oder noch Hebbel. [...] Die Tragikomödie, das Drama des reziproken unaufgelösten, ineinander verschlungenen Widerspruchs, tritt zunehmend an die Stelle der Tragödie, der aristotelischen Katharsis. Der Weg führt von Hebbel zu Hauptmann, Wedekind, zum expressionistischen Drama von Georg Kaiser oder Ernst Toller, zu Bert Brecht, zu Max Frisch und Dürrenmatts ›Besuch der alten Dame‹.« (Martini, 1959, S. 93).

Die Hinwendung zur Komödie und ihre Verwendung als Matrix tragischer Momente sind Tendenzen, die Dürrenmatt mit der Mehrheit seiner Zeitgenossen teilt, ebenso wie die Auffassung, daß die Gewissensentscheidung des einzelnen Helden im Hinblick auf die Konflikte der Welt lediglich »dekorativen Wert« besitzt. (Ulrich Profitlich, 1973 a, S. 64). In den *Theaterproblemen*, wo Dürrenmatt die historischen und gesellschaftlichen Grundlagen seiner Komödientheorie diskutiert, wird nicht nur das Fehlen der großen historischen Einzelhelden hervorgehoben (Wallenstein oder Napoleon im Gegensatz zu Hitler und Stalin, vgl. oben), es wird auch dargelegt, daß der Einzelne als Bestandteil des Kollektivs der Verantwortungslosigkeit verfallen ist:

»In der Wurstelei unseres Jahrhunderts, in diesem Kehraus der weißen Rasse, gibt es keine Schuldigen und auch keine Verantwortlichen mehr. Alle können nichts dafür und haben es nicht gewollt. Es geht wirklich ohne jeden. [...] Wir sind zu kollektiv schuldig, zu kollektiv gebettet in die Sünden unserer Väter und Vorväter. Wir sind nur noch Kindeskinder.« (*Theater-Schriften*, S. 122)

Durch dieses Fehlen individueller Verantwortung und »Schuld« entfällt eine weitere Voraussetzung der Tragödie. Doch hält Dürrenmatt zu diesem Zeitpunkt (1954) noch den »mutigen Menschen« für möglich, einen Einzelmenschen, der fähig ist, »Schuld als persönliche Leistung, als religiöse Tat« gleichsam in die Sphäre des Privaten hinüberzuretten. Als Beispiele aus seinen bisherigen Stücken nennt er den Blinden, Romulus, Übelohe, Akki. »Die verlorene Weltordnung wird in ihrer Brust wieder hergestellt.« (*Theater-Schriften*, S. 123) Wenn der Autor an dieser Stelle fortfährt: »Das Allgemeine entgeht meinem Zugriff. Ich lehne es ab, das Allgemeine in einer Doktrin zu finden, ich nehme es als Chaos hin«, so wird deutlich, daß er nicht nur das mimetische Theater bzw. die aristotelische Tragödienüberlieferung für unzeitgemäß hält, sondern auch dem episch-didaktischen Theater Brechts, also dem Versuch einer kollektiven Lösung der individuellen Problematik, eine Absage erteilt.

Eine nähere Betrachtung des Verhältnisses zu Brecht wird verdeutlichen, daß das Spezifische an Dürrenmatts Komödienbegriff weniger in dessen gattungspoetologischen Aspekten zu suchen ist, als in seiner Funktion als Gegenentwurf zu überlieferten dramaturgischen Maßstäben und Möglichkeiten.

1.2 Verhältnis zu Brecht

Um die Sonderstellung aufzuzeigen, welche die Komödien Dürrenmatts und speziell seine »tragische Komödie« innerhalb der Nachkriegsliteratur einnimmt, empfiehlt es sich, seine Dramaturgie der Komödie vor allem gegen die Dramaturgie Bert Brechts und des »Epischen Theaters« abzugrenzen. Obwohl der Komödienbegriff Dürrenmatts, indem er Distanz zwischen dem Zuschauer und dem Dargestellten zu schaffen sucht, den Vergleich mit den Grundsätzen des Epischen Theaters herausfordert, handelt es sich hier keineswegs um ein epigonales Verhältnis oder um einen einfachen Ableitungsvorgang. Denn bei allen scheinbaren Gemeinsamkeiten mit den von Brecht aufgestellten Forderungen für das moderne Theater überwiegen bei Dürrenmatt letztlich andere Kriterien hinsichtlich der Frage, warum und wie unsere zeitgenössische Welt auf der Bühne darzustellen sei.
In einer vorwiegend historisierenden Studie, *Dürrenmatt und Brecht oder Die Zurücknahme* (1962), hat zunächst Hans Mayer vor allem die Übereinstimmungen in der Entwicklung der Dürrenmattschen Bühnentheorie und -praxis mit derjenigen Brechts hervorgehoben, wobei er als Stationen der Auseinandersetzung Dürrenmatts *Anmerkung zur Komödie* (1952), die *Theaterprobleme* von 1955, die *Schillerrede* von 1959 und die Komödie *Die Physiker* von 1962 hinzuzieht. Erst in der *Schillerrede* und dem als Gegenstück zu Brechts *Leben des Galilei* aufgefaßten *Physiker*-Drama sei Dürrenmatts Antwort auf Brechts These zu finden, daß die Welt veränderbar sei und folglich verändert werden müsse: »Der alte Glaubenssatz der Revolutionäre, daß der Mensch die Welt verändern könne und müsse, ist für den Einzelnen unrealisierbar geworden, außer Kurs gesetzt, der Satz ist nur noch für die Menge brauchbar, als Schlagwort, als politisches Dynamit, als Antrieb der Massen [...]« (*Theater-Schriften*, S. 228). Als wichtiger Nachweis dafür, daß Dürrenmatts Werk in der Nachfolge Brechts stehe, gilt bei Hans Mayer die Tatsache, daß das gesamte Schaffen dieses schweizerischen Schriftstellers mit dem »Denken« zu tun habe (vgl. Hans Mayer, *Dürrenmatt und Brecht*. In: *Der unbequeme Dürrenmatt*, 1962, S. 116). Diese zutreffende Beobachtung bedarf einer Ergänzung in Dürrenmatts eigenen Worten: »Im Denken manifestiert sich die Kausalität hinter allen Dingen, im Sehen die Freiheit hinter allen Dingen.« (*Vom Sinn der Dichtung in unserer Zeit*, in: *Theater-Schriften*, S. 64)
Trifft es einerseits zu, daß Dürrenmatt als Advokat des Zu-Ende-Denkens einer Geschichte bis zur »schlimmstmöglichen Wendung« in der Tradition Brechts steht, so gilt es andererseits hervorzuheben, daß er, im Gegensatz zu Brecht, seinen Zuschauern in bezug auf die Weltsicht, die sie sich aus seinem Welttheater formen, völlige Freiheit läßt. In diesem Sinne betont Dürrenmatt in seiner Schlußthese zu den *Physikern*: »Die Dramatik kann den Zuschauer überlisten, sich der Wirklichkeit auszusetzen, aber nicht zwingen, ihr standzuhalten oder sie gar zu bewältigen.« (*Theater-Schriften*, S. 194) Auch an anderer Stelle meint Dürrenmatt die »Freiheit des Sehens«, wenn er in Gegenposition zu Brecht formuliert: »Das

Theater ist nur insofern eine moralische Anstalt, als es vom Zuschauer zu einer gemacht wird.« (*Theater-Schriften II*, S. 174)
Statt Dürrenmatts Komödienkonzeption als eine Dramaturgie in der Nachfolge Brechts aufzufassen, bezeichnet Beda Allemann Dürrenmatts Entscheidung zugunsten der Komödie zutreffender als ein »Überholmanöver«:

»In der Komödie als Welttheater, wie Dürrenmatt sie versteht [...], ist es nicht mehr nötig [...], den Verfremdungseffekt als Regiemaßnahme einzusetzen. Die komische Handlung produziert den Verfremdungseffekt aus sich selber. Indem der Zuschauer lacht, distanziert er sich und erreicht mühelos jene Nicht-Identifikation mit dem Dargestellten, um die Brecht gerungen hat und die er – so schien es jedenfalls ihm selbst – nur erreichen konnte, indem er die ganze bisherige Dramaturgie seit Aristoteles aus den Angeln zu heben suchte. Die Komödie hat demgegenüber nicht einmal nötig, mit ausdrücklichen Verfremdungseffekten gespielt zu werden. Sie erzielt die Verfremdung durch die Paradoxien ihres Handlungsablaufs. Sie braucht nicht wie das epische Theater gegen die Illusion zu kämpfen, d. h. gegen die Neigung des Zuschauers, sich mit den agierenden Figuren zu identifizieren, Furcht und Mitleid für sie zu empfinden. Sie kann den Zuschauer ruhig der Illusion überlassen – er wird aus ihr durch die komisch-paradoxen Umschläge von selbst wieder aufgescheucht. Dürrenmatt polemisiert mit diesen Feststellungen nicht gegen Brecht. Im Gegenteil, er stellt seine, die Dürrenmattsche Form der Komödie als die reibungslose Erfüllung der Brechtschen Forderungen dar. Wenn es noch eine fundamentale Abweichung von Brecht gibt, so liegt sie darin, daß nach Dürrenmatt der Zuschauer zu nichts gezwungen werden kann, auch nicht dazu, die Dürrenmattsche Komödie richtig zu verstehen und über ihr in der rechten Weise nachdenklich zu werden.« (Allemann, 1969, S. 202 f.)

Natürlich sind mit diesem etwas vereinfachenden Abriß die komplexen Vergleichs- und Kontrastverhältnisse zwischen den »Stücken« Brechts und den Komödien Dürrenmatts keineswegs ausgeschöpft. Aufschlußreiche Vergleiche von Einzelaspekten hat vor allem Ulrich Profitlich in seinem Buch *Friedrich Dürrenmatt. Komödienbegriff und Komödienstruktur* (1973 [a]) durchgeführt.
Profitlich zeigt unter anderem, wie bei Dürrenmatt gerade die paradoxienreiche Handlungsführung als Mittel der Verfremdung dient. Die hochstilisierten Sonderfälle, deren er sich mit Vorliebe bedient – in der *Alten Dame* etwa die Voraussetzung, daß ein verführtes und aus ihrem Heimatdorf mit Schimpf und Schande vertriebenes Mädchen in der Folge einen Multimillionär heiratet und durch seinen bald erfolgenden Tod zur reichsten Frau der Welt wird – hindern den Zuschauer an einer »naiven« Identifikation mit dem erdichteten Charakter. Sie verhindern jedoch nicht eine »bewußte« Art der Identifikation, die in der Erkenntnis des Zuschauers liegt, möglicherweise gewisse Eigenschaften mit den vorgeführten Figuren gemein zu haben. In den *Dramaturgischen Überlegungen zu den ›Wiedertäufern‹* beschreibt Dürrenmatt diese mögliche »bewußte« Identifikation ausdrücklich als ein »Wagnis«, das vom Zuschauer nicht ergriffen zu werden braucht, der die Komödie lediglich ästhetisch als reine Groteske oder übersteigerte Tragödie zu erleben bevorzugt. In diesem Begleittext zu den *Wiedertäufern* (1967) scheint Dürrenmatt auch auf Brecht anzuspielen, wenn er erklärt: »Der Verfremdungseffekt liegt nicht in der Regie, sondern im Stoff selbst.« (*Theater-Schriften II*, S. 172) Obwohl auch bei Brecht dieser Effekt nicht ausschließlich aus

der Regie oder Schauspielerhaltung resultiert, gründet er nicht, wie bei Dürrenmatt, auf jener *Tendenz* der Wirklichkeit, die sich im unberechenbaren Zufall oder unwahrscheinlichen Sonderfall manifestiert. In diesem Zusammenhang vergleicht Profitlich auch die sogenannte »Dialektik« der beiden Autoren, die sich sowohl in der Art wie in der Funktion unterscheidet:

»Die von Brecht gezeigten Spannungen und Antagonismen repräsentieren eine erkennbare Gesetzmäßigkeit, sind alles andere als irregulär. [...] Außergewöhnliche ›Störfaktoren‹ spielen in seinem Werk, jedenfalls im Werk des marxistischen Brecht, nur ausnahmsweise eine Rolle. [...] Dürrenmatt dagegen liebt die unwahrscheinlichen, aber ›auch‹ möglichen Extremfälle. Seine Paradoxien sind spektakulär, und was sie repräsentieren, ist eine ›Tendenz‹ der Wirklichkeit schlechthin, nicht eine der historischen Situation. Während Brecht ein Geschehen, indem er es dialektisch behandelt, zu ›historisieren‹, als gebunden an bestimmte, nicht für alle Zeit gültige Bedingungen zu erweisen sucht, ist die als ›philosophisch‹ verstandene Dialektik im Werk Dürrenmatts durchaus unhistorisch, auf eine nicht aufhebbare ›menschliche Grundsituation‹ gerichtet.« (Profitlich, 1973 a, S. 20)

In der Grundkonstellation des *Besuchs der alten Dame,* dem unwahrscheinlichen Zusammentreffen einer am Rand des Bankrott stehenden Kleinstadt mit der »reichsten Frau der Welt«, das zu einem (untergründig kriminellen) Ausgleich zwischen emotionellen und materiellen Interessen führen soll, läßt sich ein solcher spektakulärer Extremfall, der nicht prinzipiell an eine historische oder auch geographische Situation gebunden ist, nachweisen.
An eben dieser Grundkonstellation läßt sich überdies die gegensätzliche *Funktion* der dialektischen Fabelstrukturen erkennen, die Profitlich hervorhebt.

»Brecht enthüllt Wege der Veränderung, Dürrenmatt akzentuiert Faktoren, die sie erschweren. Brecht zeigt Möglichkeiten des Menschen (bzw. einer gesellschaftlichen Klasse), Dürrenmatt die Grenzen. Wenn der Dialektiker Brecht soziale Antagonismen hervorhebt, so sind das gerade die Momente des Werkes, die Hoffnung begründen, Besserung verheißen; Dürrenmatts Paradoxien, die Produkte einer ›Dialektik‹, die sich auf das historisch Besondere nicht einläßt, repräsentieren dagegen ein Moment des Widerstands, des potentiellen Unheils.« (Profitlich, 1973 a, S. 22)

Hier wäre hinzuzufügen, daß das durch den Humor erträglich gestaltete »potentielle Unheil« in Dürrenmatts Bühnenmodell der *Alten Dame* zwar keine »Hoffnung« oder »Besserung« verheißt, aber doch eine implizite Warnung enthält: »Paßt auf, daß auch ihr da unten nicht so werdet, wie wir hier auf der Bühne geworden sind!« (*Werkstattgespräche,* S. 129)
Aufschlußreich ist auch Profitlichs Gegenüberstellung des Anspruchs- und Hoffnungsniveaus bei Dürrenmatt und Brecht. Er zeigt, daß Dürrenmatts *Alte Dame* als »Komödie« ein Gegenentwurf ist, »eine Konfrontation einzelner tragischer Elemente mit einer ›heruntergekommenen‹ Welt, die diesen Elementen die Rundung zur ›Tragödie‹ verwehrt.« Im Vergleich zu Brechts Verwendung der Komödie ergibt sich daraus der folgende grundlegende Anschauungsunterschied:

»Wo Brecht als Maßstab korrekturbedürftiger Wirklichkeit ein gesellschaftliches Idealbild setzt, das tragödienhaftes Geschehen unnötig macht, begnügt sich Dürrenmatt, indem er das Geschehen in Güllen vor den mythisch-tragischen Hintergrund rückt, mit einer vergleichsweise bescheidenen Folie. Im marxistischen Verständnis besitzt die Komödie eine progressive Qualität, sie indiziert die Befreiung von einem geschichtlich überfälligen, abzulösenden Gesellschaftszustand. Bei Dürrenmatt dagegen ist die Komödie eine heruntergekommene Gattung; sie gilt als Anzeichen eines Mangels, als defizienter Modus der Tragödie, die als verloren (›nicht mehr möglich‹) beklagt, nicht als überwunden begrüßt wird.« (Profitlich, 1973 a, S. 66)

Vielleicht der wichtigste Unterschied im Denken Dürrenmatts und Brechts liegt in der verschiedenartigen Beurteilung der Ätiologie (d. h. Ursachenlehre) des Unheils. In bezug auf den *Besuch der alten Dame* bedeutet dies:

»Wo Brecht und die Brechtianer, jede moralisierende Behandlung meidend, Figuren als Opfer, als Erpreßte und Verfolgte zeigen, die wider Willen böse sein müssen, präsentiert Dürrenmatt die Güllener eher als die Versuchten und Schuldiggewordenen. Die Schilderung ihrer Lage treibt er so weit, daß ihre Tat zwar als ›begreiflich‹, nicht aber als zwangsläufig erscheint, am allerwenigsten als Ausfluß eines gesellschaftlichen Systems und vermeidbar mit dessen Beseitigung.« (Profitlich, 1977, S. 334)

Darüber hinaus gehört zur Charakterisierung der Dürrenmattschen Figuren nicht nur der Weg, der sie ins Unheil führt, sondern ebenso wichtig ist ihre Reaktion auf das einmal eingetretene Unheil:

»Bestenfalls als Gescheiterte, die sich geschlagen geben (›in ihr Schicksal fügen‹), gelangen sie zur Einsicht in die Grenzen des Planens, begreifen sie, daß ›die Rechnung nicht aufgeht‹, und lernen damit die Forderung [...] zu erfüllen: das ›Sinnlose‹ und ›Paradoxe‹ ›demütig‹ in ihr Denken einzubeziehen. [...] Es ist eine Haltung, die Brechts Figuren, von irregulären Sonderfällen weitgehend verschont, einzunehmen keinen Anlaß haben, eine Haltung, deren Darstellung der marxistische Autor als letztlich der Bewahrung des Bestehenden dienend ablehnen muß.« (Profitlich, 1973 a, S. 21)

Dieser Unterschied läßt sich beispielhaft an der Figur Ills im *Besuch der alten Dame* aufzeigen, einer Figur, die erst durch ihre außergewöhnliche persönliche Reaktion auf das Unheil interessant wird. Umgekehrt hat sich an der Haltung und Reaktion der Güllener trotz der eingetretenen Veränderungen am Schluß des Stückes nichts geändert. Sie würden vermutlich auch in der Zukunft ihren materiellen Wohlstand allen anderen Werten vorziehen.

In dieser Hinsicht erfüllt auch die »strukturelle Offenheit« (Profitlich, 1973 a, S. 106 f.) von Dürrenmatts Komödien eine andere Funktion als der demonstrativ offene Schluß in Brechts Stücken. Während bei Brecht sich die Besiegten von heute als die Sieger von morgen antizipieren, scheint bei Dürrenmatt die Zukunft nichts als eine Neuinszenierung ähnlicher Konstellationen zu versprechen. Auch die Nachkommen Ills werden ungeachtet der tragischen Zusammenhänge, denen sie ihren Wohlstand verdanken, weiterhin lediglich ihre eigene Sache betreiben.

1.3 Das Groteske als Darstellungsform und Stilqualität

Zur Charakterisierung von Dürrenmatts Komödien wird häufig der Begriff des Grotesken herangezogen, ein Begriff, dessen Reichweite als literaturwissenschaftlicher Terminus durchaus umstritten ist. Nicht zuletzt hat der Autor durch seine pragmatischen Definitionen aus der Perspektive des bildenden Künstlers und Schriftstellers selbst zur Begriffsverwirrung beigetragen um diese den bildenden Künsten entlehnte Bezeichnung. Noch vor dem Erscheinen von Wolfgang Kaysers komparatistischer Arbeit *Das Groteske in Malerei und Dichtung* (1957) hat Dürrenmatt in seiner *Anmerkung zur Komödie* (1952) und in den *Theaterproblemen* (1955) auf die distanzschaffende Funktion des Grotesken in »Zeitstükken« hingewiesen und gleichzeitig dieses Phänomen als sinnlichen Ausdruck einer apokalyptischen Zeit, als »Gesicht einer gesichtslosen Welt« bezeichnet. Auf diese Weise hat der Autor durch die Betonung des Grotesken und des »Einfalls« bereits in seinen frühen dramaturgischen Schriften auch eine ästhetische Abgrenzung seiner Komödientheorie etwa gegenüber der klassizistischen Dramaturgie oder der Dramaturgie Brechts vollzogen.

Als distanzschaffendes Mittel der aristophanischen Komödie und anderer »Zeitstücke« beschreibt Dürrenmatt zunächst den »Einfall«: Durch den Einfall wird die Wirklichkeit verändert, »ins Groteske gehoben« (*Theater-Schriften*, S. 135). Daß der Begriff des Grotesken nicht immer mit dem des Komischen synonym sein muß, deutet Dürrenmatt an, indem er zwischen der »Furcht oder absonderliche Gefühle« erweckenden Wirkung des Grotesken einerseits und seiner erheiternden Wirkung andererseits unterscheidet (ebd., S. 136). Aus seiner Perspektive als Dramatiker kommt es ihm in erster Linie darauf an, das Groteske als objektivierendes Darstellungsmittel, als »eine der großen Möglichkeiten genau zu sein« (ebd., S. 137) zu erkennen und einzusetzen.

Aus der rezipierenden Perspektive, d. h. für den Leser oder Zuschauer, ergibt sich durch dieses Darstellungsmittel allerdings gerade das Gegenteil eines »genauen« oder eindeutigen Eindrucks. Für ihn trägt die groteske Erscheinung ein Doppelgesicht, auf das er sowohl durch Grauen wie durch befreiendes (distanzschaffendes) Gelächter reagieren kann. Erst der Kontext, in dem das zweideutige Phänomen auftritt – etwa der Rahmen einer Komödie oder einer Gespenstergeschichte – wird den Ausschlag geben für die unmittelbare Wirkung auf den Rezipienten. (Knapp, 1976, S. 35–40)

Als vorzügliches Beispiel solch grotesker Zweideutigkeit läßt sich die Figur der Claire Zachanassian anführen. Ihre Gestalt als extrem aufgedonnerte dreiundsechzigjährige Dame mit einem aus Prothesen zusammengesetzten Körper, umgeben von herkulischen Monstren, geblendeten Kastraten, einem schwarzen Panther und einem Sarg wurde gelegentlich mit einem »Android« verglichen (Knapp, 1976, S. 75), also mit einem vollkommen künstlichen Wesen, das sich, wie Dürrenmatt kommentiert hat, »außerhalb der menschlichen Ordnung bewegt« (Anmerkung zur *Alten Dame*, S. 102).

Daß diese Gestalt jedoch grotesk wirkt, d. h. ebenso grauenerregend wie lächerlich, liegt daran, daß sie Anspruch erhebt auf den Vergleich mit einem menschlichen Wesen, mit ihrer eigenen Vergangenheit als Kläri Wäscher. Trotz all ihrer künstlichen und vielleicht erheiternden Attribute erscheint sie »grotesk« erst durch ihr entstelltes Menschentum. Ihre künstlichen Gliedmaßen etwa können nur darum belustigend wirken, weil sie sich von sich selbst als einem leidensfähigen Menschen distanziert hat, indem sie mit ihren Prothesen winkt und sie als Montagestücke demonstriert. Doch bleibt unter der äußeren Künstlichkeit und Distanz zum Menschlichen ein Rest von schaurig verkrüppelter menschlicher Wirklichkeit, deren sich der Zuschauer bewußt werden kann, wenn er darüber reflektieren *will*. Denn das erstarrende Bild der Zachanassian stellt ausdrücklich kein Abstraktum dar (»Gerechtigkeit«, »Marshallplan« oder »Apokalypse«, vgl. Anmerkung zur *Alten Dame*, S. 102), sondern es realisiert eine scheinbar unmögliche und daher unheimliche Möglichkeit des Menschen selbst.

In den *21 Punkten zu den Physikern* (*Theater-Schriften*, S. 193 f.) hat Dürrenmatt dem Grotesken auch das Element des Paradoxen zugeordnet, also den Begriff dessen, was gegen die Regeln der Vernunft und des empirischen Wissens verstößt. Gerade indem die Gestalt der Claire Zachanassian in ihrer Ansiedlung »außerhalb der menschlichen Ordnung« nur scheinbar eine empirische Unmöglichkeit verkörpert, kann sie sowohl eine unglaubwürdige und insofern belustigende wie unheimliche Wirkung auslösen.

Da Dürrenmatts Durchbruch als wichtiger europäischer Dramatiker ungefähr um dieselbe Zeit erfolgte, in der auch einige bedeutende Werke der sogenannten »Absurdisten« (Ionesco, Beckett u. a.) die europäische Bühne beherrschten, wurde sein Werk anfänglich aufgrund seiner paradoxen Elemente und grotesken Stilmittel etwas vorschnell dem »Drama des Absurden« zugeordnet. Völlig zu unrecht, denn wie sich am Beispiel der Zachanassian zeigt, bedarf der groteske Effekt des Vergleichs mit der empirischen Wirklichkeit, während das Absurde außerhalb jeder Vergleichsmöglichkeit situiert ist. Sein Anspruch ist total, es umfaßt alles, oder – wie Dürrenmatt es sieht – »Das Absurde umschließt nichts« (*Theater-Schriften*, S. 186).

1.4 Stoff als »Einfall«

Die Konzeption seiner Komödienstoffe ist für Dürrenmatt synonym mit dem Begriff »Einfall«. Als Einfall bildet der Stoff einen integralen Bestandteil der Dürrenmattschen Dramaturgie, wie sie in ihren Grundzügen in der *Anmerkung zur Komödie* und den *Theaterproblemen* ausgeführt wird. Unter einem »Einfall« versteht der Autor eine erfundene Handlung, die sich nicht in der Vergangenheit abspielt und die nicht auf Mythen oder andere Überlieferungen zurückgeht; also einen *er*fundenen, nicht einen *ge*fundenen Stoff. Während er einen allgemein bekannten Stoff als Vorbedingung des »Pathetisch-Dichterischen« auf der Bühne ansieht, erscheint ihm der Einfall unentbehrlich für die Komödie aristophanischer Art, bzw. das »Zeitstück«. *Ex negativo* definiert Dürrenmatt daher seine Einfallstheorie durch den Satz: »Die Tragödie ist ohne Einfall.« (*Theater-Schriften*, S. 121) Von den besonderen Vorgängen, welche die Komödien des Aristophanes auszeichnen, schreibt Dürrenmatt: »Es sind Einfälle, die in die Welt wie Geschosse einfallen (um ein Bild zu brauchen), welche, indem sie einen Trichter aufwerfen, die *Gegenwart* ins Komische umgestalten.« (Ebd., S. 133; Herv. d. Verf.). Eben weil die auf einem Einfall beruhende Komödie die Gegenwart betrifft, ist sie auf das Schaffen von Distanz angewiesen, und umgekehrt sieht Dürrenmatt keinen andern Sinn für das Zeitstück als das Schaffen von Distanz, um das Verhältnis zur Zeit, in der man lebt, übersichtlicher, aber auch durch das Mittel von Komik bzw. Groteske erträglicher zu gestalten.

Die Tatsache, daß Einfälle nicht das Resultat eines vorgefaßten Planes sind, nicht eine These demonstrieren wollen oder eine bestimmte Aussage erzielen, sondern ein gefundenes Material darstellen, mit dem es zu experimentieren gilt, ist der Grund, warum der Erfinder einer »Komödie der Handlung« sich nicht auf eine bestimmte dramatische Form festlegen, nicht »Schule machen« kann. Denn der Stoff bzw. Einfall als das Primäre diktiert die jeweils passende Form bzw. den Bau eines Stückes als das Sekundäre. Im Gegensatz etwa zur Forderung Schillers, nach der die Form den Stoff verzehren sollte, bedingt bei Dürrenmatt der Einfall den jeweils passenden formalen Bau. Dazu heißt es in den *Theaterproblemen:* »So ist es denn mein Weg, dem zu mißtrauen, was man den Bau des Dramas nennt, und ihn vom Besonderen, vom Einfall her, zu erreichen zu suchen, und nicht vom Allgemeinen, vom Plane her.« (*Theater-Schriften*, S. 125).

Dürrenmatt hat sich zur Frage nach dem Primat des Einfalls bzw. des Stoffes immer wieder geäußert, zumal ihm anfänglich die Kritik vorwarf, daß sein Theater sich lediglich an »Einfällen« fortangele (vgl. Allemann, 1968, S. 436). Seine Einfallstheorie erlaubt dem Autor, auf einer »Dramaturgie des Experiments« (*Theater-Schriften*, S. 21) zu bestehen und gleichzeitig diese Dramaturgie vom Experimentbegriff des Wissenschaftlers zu unterscheiden, weil der letztere, statt von Konflikten, von experimentell zu lösenden *Problemen* ausgeht. »Der Dramatiker kann von Stoffen ausgehen, die Probleme enthalten. Das ist ein Unterschied«, schreibt Dürrenmatt anläßlich einer »Standortbestimmung zu Frank V.« (*Theater-Schriften*, S. 187); »Er braucht dann ruhig nur am Stoff zu arbeiten und nicht an den Problemen.« In einer späteren Schrift (*Theater-Schriften*, S. 195–209) differenziert der Autor noch genauer zwischen dem Ausgangspunkt des Problems, das eine Lösung voraussetzt und verlangt, und dem auf der Bühne zu zeigenden Konflikt, der sich nicht lösen läßt.

>»Geht der Dramatiker vom Konflikt aus, braucht er keine Lösung,« sondern nur ein Ende, seine Handlung ist keine Illustration eines Problems, sondern die Darstellung eines Konflikts, bei der die verschiedenen Probleme, die der Konflikt stellt, zwar gezeigt werden können, jedoch nicht gelöst werden müssen. […] Der Dramatiker hat nicht ein Problem zu lösen, sondern seine Geschichte zu Ende zu denken.« (Ebd., S. 208)

2 Zur Werkgeschichte

2.1 Chronologische Übersicht

1921 Friedrich Dürrenmatt geboren am 5. Januar in Kanolfingen, Kanton Bern.
1941 Reifeprüfung. Anschließend Studium der Philosophie und Literaturwissenschaft in Zürich und Bern.
1943 Schreibt eine bisher unveröffentlichte *Komödie* sowie die kurzen Prosatexte *Weihnacht* und *Der Folterknecht* (jetzt in *Die Stadt. Frühe Prosa*. Zürich 1952).
1945 Veröffentlicht die Erzählung *Der Alte* in der Berner Zeitung »Der Bund«. Weitere Kurzprosa (in: *Die Stadt*). Beginnt Bühnenstück *Es steht geschrieben*.
1946 Erzählungen *Die Falle*, *Pilatus* (in: *Die Stadt*); Hörspiel *Der Doppelgänger*.
1947 Heiratet die Schauspielerin Lotti Geisler. Bühnenstück *Der Blinde*. Prosatext *Die Stadt*. Uraufführung *Es steht geschrieben* im Schauspielhaus Zürich.
1948 Uraufführung *Der Blinde* im Stadttheater Basel. Arbeit an *Romulus der Große*.
1949 Uraufführung *Romulus der Große* in Basel.
1950 Kriminalroman *Der Richter und sein Henker* in Fortsetzungen für den »Schweizerischen Beobachter«. Arbeit an *Die Ehe des Herrn Mississippi*.
1951 Kriminalroman *Der Verdacht*. Erzählungen *Der Hund* und *Der Tunnel* (in: *Die Stadt*). Hörspiel *Der Prozeß um des Esels Schatten*. Theater-Rezensionen für die »Zürcher Weltwoche«.
1952 Uraufführung der *Ehe des Herrn Mississippi* in den Münchener Kammerspielen wird großer Erfolg. Hörspiele *Stranitzky und der Nationalheld* und *Nächtliches Gespräch mit einem verachteten Menschen*.
1953 *Ein Engel kommt nach Babylon*. Uraufführung am 22. 12. in München.
1954 Hörspiele *Herkules und der Stall des Augias* und *Das Unternehmen der Wega*. Entstehung der *Theaterprobleme* als Vortrag.
1955 Prosakomödie *Grieche sucht Griechin*. Arbeit an *Der Besuch der alten Dame*.
1956 Erfolgreiche Uraufführung *Der Besuch der alten Dame* im Schauspielhaus Zürich. Hörspiele *Die Panne* und *Abendstunde im Spätherbst*. Zweite Fassung von *Romulus der Große*.
1957 Filmdrehbuch *Es geschah am hellichten Tage*. Danach (und dagegen) als »Requiem auf den Kriminalroman« *Das Versprechen*. *The Visit* wird in England aufgeführt.
1958 Arbeit an *Frank V. Oper einer Privatbank*. Musik von Paul Burkhard. *Mississippi* und *The Visit* in New York.
1959 Uraufführung von *Frank V.* nicht sehr erfolgreich. Rede zur Verleihung des Schillerpreises in Mannheim enthält Auseinandersetzung mit Brecht.
1960 Neufassung des *Mississippi* als Drehbuch. Arbeit an einem Roman *Justiz*. Neufassung von *Frank V.*
1961 Arbeit an *Die Physiker*. Dritte *Romulus*-Fassung.
1962 Uraufführung der *Physiker* im Schauspielhaus Zürich. Bühnenfassung des Hörspiels *Herkules und der Stall des Augias*.
1963 Kabarett-Text zu einer szenischen Kantate *Die Hochzeit der Helvetia mit Merkur*. Zeichnungen zu *Die Heimat im Plakat*.
1964 Arbeit an *Der Meteor*. *Die Physiker* in New York.
1965 Konzeption der Erzählung *Der Sturz*. Arbeit an *Der Meteor*.
1966 Uraufführung *Der Meteor* in Zürich. Komödienfassung des Stückes *Es steht geschrieben* unter dem Titel *Die Wiedertäufer*.
1967 *Die Wiedertäufer*, Uraufführung in Zürich. Arbeit an *Portrait eines Planeten*. Als Beitrag zum »Zürcher Literaturkrieg« *Varlin schweigt*.

1968	*Monstervortrag über Gerechtigkeit und Recht* als Rede für Studenten in Mainz. Dürrenmatt beginnt Regiearbeit für die Basler Bühnen mit Düggelin. *König Johann nach Shakespeare* Uraufführung am 18. 9.
1969	Uraufführung *Play Strindberg*. Großer Literaturpreis der Stadt Bern. Ehrendoktor der Temple University in Philadelphia, USA. Ausarbeitung des *Monstervortrags* in Buchfassung. Gibt die Regiearbeit am Basler Theater auf.
1970	*Urfaust*. Uraufführung im Züricher Schauspielhaus. *Portrait eines Planeten*. Uraufführung im Schauspielhaus Düsseldorf. *Titus Andronicus* im Schauspielhaus Düsseldorf.
1971	Prosatext *Der Sturz* veröffentlicht.
1972	Inszenierung von Büchners *Woyzeck* in Zürich. Arbeit an *Der Mitmacher*.
1973	Uraufführung *Der Mitmacher* im Züricher Schauspielhaus.
1976	*Zusammenhänge. Essay über Israel. Der Mitmacher. Ein Komplex* (Text der Komödie, Dramaturgie, Erfahrungen, Berichte, Erzählungen) in Buchform veröffentlicht.
1977	Uraufführung der Komödie *Die Frist* in Zürich. Ehrendoktorat der Université de Nice.
1978	Arbeit an *Stoffe. Zur Geschichte meiner Schriftstellerei. – Lesebuch. – Bilder und Zeichnungen.*
1980/81	Zum 60. Geburtstag des Autors am 5. 1. 1981 erschien im Diogenes Verlag Zürich eine Neuausgabe der *Werke in 30 Bänden,* die mit zahlreichen bisher unveröffentlichten Texten und Kommentaren des Autors ergänzt wurde.
1981	Veröffentlichung von *Stoffe I–III.*
1983	Die Komödie *Achterloo* wird in Zürich uraufgeführt und in erster Fassung veröffentlicht. Auch veröffentlicht eine Ballade *Minotaurus.*
1984	Nach dem Tod seiner Frau Lotti (1983) heiratet Dürrenmatt die Schauspielerin Charlotte Kerr.
1985	Das seit 1956 vorliegende Fragment *Justiz* wird in überarbeiteter und beendeter Form als Kriminalroman veröffentlicht. Bayerischer Literaturpreis (Jean-Paul-Preis).
1986	*Der Auftrag oder Vom Beobachten des Beobachters der Beobachter.* Eine »Novelle in vierundzwanzig Sätzen«. Zusammen mit Charlotte Kerr: *Rollenspiele. Protokoll einer fiktiven Inszenierung und Achterloo III.* (Die zweite Fassung von *Achterloo* soll erst posthum veröffentlicht werden.) Schiller-Gedächtnis-Preis des Landes Baden-Württemberg. Büchner-Preis.
1987	Der Autor hält jetzt fünf Ehrendoktortitel von Universitäten in Neuchâtel, Jerusalem, Philadelphia, Nizza, Zürich.
1989	*Durcheinandertal.* Roman.
1990	Friedrich Dürrenmatt gestorben am 14. Dezember.

2.2 Zur Entstehung des Werkes

Der »Grundeinfall zur Story« wurde zuerst im Rahmen einer unvollendeten Novelle niedergeschrieben unter dem Titel *Mondfinsternis.*

Hier war die Hauptfigur ein Auswanderer, der aus Amerika, wo er sehr reich geworden war, in sein Bergdorf heimkehrte. Dort wollte er sich an einem alten Rivalen rächen, der ihm seinerzeit seine Jugendgeliebte abspenstig gemacht hatte. Er fährt mit seinem großen Buick durch den Schnee, bis er steckenbleibt und zu Fuß in das Nest wandern muß, wo er seine Jugend verlebt hat. Dort bietet er den Einwohnern eine große Summe an mit der Bedingung, daß sie seinen ehemaligen Rivalen töten. Die Einheimischen protestieren, fühlen sich gekränkt und beschließen, dem Millionär einen Strich durch die Rechnung zu machen. Beim

Bäumefällen im tief verschneiten Wald wird der Besucher wie zufällig von einem fallenden Baum getroffen und kommt so ums Leben. (Nach Randolph Goodman, 1966, S. 386)
Seit dem Erscheinen des Bandes *Stoffe I–III*, 1981, liegt die Erzählung *Mondfinsternis* in einer neuen und andersartig endenden Version vor. Diese neue Fassung stellt eine für die Interpretation aufschlußreiche Gegenkonstruktion zum *Besuch der alten Dame* dar. (Vgl. auch die Ausführungen des Autors in *Stoffe II*, S. 239–249, über die Entstehung der *Alten Dame*.)

Im Verlauf der Verwandlung des Auslandschweizers in die Multimillionärin Claire Zachanassian, und des Prosafragments in ein Bühnenstück, stand der Autor vor der Frage, wie eine Kleinstadt auf die Bühne zu bringen sei. Hierbei spielte die Konzeption des Bahnhofs, des Ortes »den man zuerst sieht, wenn man in eine Stadt geht« (*Werkstattgespräche*, S. 130), eine wichtige Rolle. Bereits in den *Theaterproblemen*, die kurz vor der *Alten Dame* entstanden, hatte Dürrenmatt erklärt: »Wenn ich es unternehme, ein Theaterstück zu schreiben, so ist der erste Schritt, daß ich mir klar mache, wo denn dieses Theaterstück zu spielen habe.« (*Theater-Schriften*, S. 103)
Nachdem das Bahnhofsgebäude mit der Bedürfnisanstalt daneben als typisches Kleinstadtbild für die Bühne feststand, ergaben sich daraus folgerichtig weitere Elemente des Spiels; etwa die Darstellung der Armut des Ortes dadurch, daß die Schnellzüge dort nicht mehr halten, oder der Autounfall und die Beinprothese der Milliardärin, die mit dem Zug und nicht etwa im Auto anzukommen hatte, weil der Bahnhof ja unbedingt erscheinen mußte (vgl. *Werkstattgespräche*, S. 130f.).
Noch nach der Erstaufführung des Stückes hat der Autor immer wieder Veränderungsversuche unternommen. Er berichtet (im Gespräch mit Dieter Fringeli, Mai 1977 [vgl. Fringeli, 1978]), daß besonders die Ladenszene im dritten Akt ihn »ungeheuer beschäftigt« habe, zumal anläßlich einer Kurzfassung des Stückes für das Berner Ateliertheater. Doch wurde lange keine der »unendlich vielen Fassungen und Versionen« in eine Neufassung des Stückes umgesetzt, dessen Text, im Gegensatz zu anderen Komödien Dürrenmatts (*Romulus, Ein Engel, Die Ehe des Herrn Mississippi, Frank V.* u. a.) 24 Jahre lang so beibehalten wurde, wie er für die Züricher Uraufführung (1956) vorgesehen war. Erst in der Gesamtausgabe der Werke, die zum 60. Geburtstag des Autors 1981 im Diogenes Verlag erschien, wird eine »Neufassung 1980« und eine »Sondereinrichtung« der Szene »Ills Laden« (dritter Akt) vorgelegt.

2.3 Das Werk im Kontext der übrigen Werke

Noch heute gilt Dürrenmatt im In- und Ausland vor allem als der Autor des *Besuchs der alten Dame*. Dies zeigt, daß hinsichtlich der Bühnenrezeption seine »tragische Komödie« bei weitem den Höhepunkt seines Werkes darstellt und seiner unumstrittenen Anerkennung als internationaler Bühnenautor zum Durchbruch verhalf.

Im Rahmen der Entwicklungsgeschichte des Dürrenmattschen Werks wird *Der Besuch der alten Dame* (von Profitlich, 1973 a, S. 7) der Endphase der Epoche der großen Dramen zugerechnet, die mit *Es steht geschrieben* (1946) begann und um die Mitte der fünfziger Jahre endet. Gleichzeitig wird zwischen 1955 und 1960 der Beginn einer neuen Schaffensphase angesetzt, so daß auch in dieser Werkkurve *Der Besuch der alten Dame* auf einen Höhepunkt bzw. Wendepunkt in der Werkentwicklung fällt.

Dagegen unterscheidet Gerhard P. Knapp (1980, S. 5) vier Schaffensphasen des Autors: 1. Phase: 1943–1951; 2. Phase: 1952–1966; 3. Phase: 1967–1972; 4. Phase: ab 1973. Danach fällt die *Alte Dame* in den Umkreis der Werke, die der intensivsten Bühnenproduktion des Autors angehören. Am 26. 3. 1952 war die Uraufführung der *Ehe des Herrn Mississippi* erfolgt, die ein uneingeschränkter Erfolg wurde. Es ist die erste Komödie Dürrenmatts, in der er einen Stoff aus der Gegenwart verwendet. Die Versuche der Protagonisten »die Welt zu ändern« scheitern hier an der Figur der Anastasia, die als »Prinzip der Käuflichkeit« bzw. »der totalen Vermarktung« als eine Vorwegnahme der Claire Zachanassian aufgefaßt werden kann (vgl. Knapp, 1980, S. 53). In den Jahren 1953 und 1957 erschienen die beiden Fassungen der Komödie *Ein Engel kommt nach Babylon*, die in der Figur des Bettlers Akki, der sich mit Kurrubi, der Gnade, verbinden konnte, vielleicht die idealste Verkörperung des »mutigen Menschen« aufweist. *Der Besuch der alten Dame*« kann dann als »qualitative Umkehrung der Grundstruktur des ›Engels‹« angesehen werden (Knapp, 1980, S. 56). Dürrenmatt selbst hat einmal erklärt: »Jedes Stück, das man schreibt, erzwingt fast ein Gegenstück. Das ist ein innerer dialektischer Vorgang.« (Interview mit Dürrenmatt, in: *Literarische Werkstatt*, 1972, S. 4) Hatte sich im *Engel* der mutige Mensch Akki im Gegensatz zu seiner gesellschaftlichen Umgebung mit Kurrubi »Gnade« verbunden, so führt in der *Alten Dame* die Verbindung der Protagonistin mit den Güllenern zum Tod Ills, der trotz seines »mutigen Menschentums« im gesellschaftlichen Kontext sinnlos bleibt. Ein strukturelles Prinzip, das diese beiden Dramen verbindet, ist jedoch das Hereinbrechen eines »höheren« außerhalb der menschlichen Ordnung angesiedelten »Störfaktors«, des »Engels« in Begleitung von Kurrubi und der ironisch einer Schicksalsgöttin verglichenen Zachanassian.

Als »Weiterführung und Gegenentwurf« zum *Besuch der alten Dame* wird von Manfred Durzak (1972, S. 107–112) Dürrenmatts *Oper einer Privatbank: Frank V.* aufgefaßt, die 1958 entstand.

»In dem Maße, in dem Dürrenmatt die [...] Mythisierung des Geldes in der Figur Claires nun am Beispiel Frank V. abbaut, wird seine Darstellung realistischer, bekommt sie eine Komplexität der wirtschaftlichen Verhältnisse in den Griff, die nun die Figur Claires zur Retrospektive auf Wirtschaftsverhältnisse macht, deren gründerzeitliche Ära historisch längst vorüber ist.« (Ebd., S. 108)

Vielleicht wichtiger als der werkgeschichtliche Umkreis der Komödien ist in bezug auf gedankliche und teilweise formale Elemente der Zusammenhang mit den Hörspielen aus den fünfziger Jahren. In besonderer zeitlicher und struktureller

Nähe zur *Alten Dame* steht vor allem das Hörspiel *Die Panne*, welches in demselben Jahr (1955) entstand wie die »tragische Komödie« und wie diese im Januar 1956 uraufgeführt wurde.

Aufgrund einer »Panne« kommt es hier zum unerwarteten »Besuch« des Reisenden Traps in einem scheinbar schutzbietenden und wohlsituierten Haus einer kleinen Ortschaft. Durch die spielerische Anwendung einer eingebürgerten Vorstellung von Gericht und Gerechtigkeit wird im Verlauf eines »Prozesses« der Besucher seiner Schuld überführt bzw. zu einem resignativen Schuldbewußtsein getrieben. In der Hörspielfassung gelingt es Traps noch zu fliehen. In der späteren Prosafassung wird er sein eigener Henker.

Gerhard Neumann (1969, S. 32) hat versucht, den Zufall der »Panne« im Werk Dürrenmatts als Funktion höherer Ordnung nachzuweisen: »Die Panne schielt nach dem Schicksal.«

Dürrenmatts Vorliebe für die Prozeß-Struktur und für immer neue Variationen des Gerechtigkeitsmotivs zeigt sich auch in dem frühen Hörspiel *Der Prozeß um des Esels Schatten* (1951). In dieser Modernisierung des Wieland-Vorwurfs aus der *Geschichte der Abderiten* geht ein vom Kriegsgewinn lebendes kleines Land am Ende in Flammen auf. Die zeitgenössischen Beziehungen zur wirtschaftlichen und politischen Situation am Anfang der fünfziger Jahre (Korea Krieg) sind ebenso deutlich wie die Anspielungen auf das europäische Wirtschaftswunder in der *Alten Dame* als »Komödie der Hochkonjunktur«. Das in der *Alten Dame* sublimierte Henkermotiv, das auch in den Detektivromanen vom Anfang der fünfziger Jahre vorliegt (*Der Richter und sein Henker* 1950/51), wird explizit in dem Hörspiel *Nächtliches Gespräch mit einem verachteten Menschen* (1952) durchgeführt. In gewissem Sinn kann der Protagonist dieses Hörspiels auch als Beispiel des Motivs vom »mutigen Menschen« in Dürrenmatts frühen Schaffensphasen gewertet werden.

Für den Stellenwert der *Alten Dame* im Werk Dürrenmatts ist die Tatsache aufschlußreich, daß die Hörspielproduktion des Autors zwischen 1951 und 1956 sieben Hörspiele umfaßt, während nach dem Erfolg der *Alten Dame* keine neuen Hörspiele mehr entstehen. G. P. Knapp (1980, S. 59) schließt daraus, daß Dürrenmatt mit der *Alten Dame*, und vielleicht durch den Erfolg des Stückes bestärkt, sich endgültig für die Komödienform entschied.

Eine solche endgültige Hinwendung zur Komödie wird nicht nur durch die 1954 – also unmittelbar vor der »tragischen Komödie« – abgefaßten *Theaterprobleme* theoretisch fundiert, sondern möglicherweise auch durch die Prosakomödie von 1955 *Grieche sucht Griechin* mitbestätigt. Bemerkenswert an diesem Werk ist vor allem die konziliatorische Schlußwendung in ein »Happy End« für »Leihbibliotheken«. Der in *Grieche sucht Griechin*« linear verlaufende Doppelschluß geht in der »tragischen Komödie« für die Bühne über in die Doppelbödigkeit eines »Welt-Happy-end«, unterhöhlt vom tragischen Ausgang auf der Ebene des Individuums.

2.4 Stoffliche und motivische Vergleichsmöglichkeiten zur »Alten Dame«

Von dem Zweig der Forschung, die das Werk Dürrenmatts im Einflußbereich Brechts ansiedeln möchte, wird gern eine stoffliche Verwandtschaft der *Alten Dame* zu Brechts Oper *Aufstieg und Fall der Stadt Mahagonny* postuliert. Die Gemeinsamkeiten bestehen vor allem in der Rolle eines Gemeinwesens als kollektivem Helden. In beiden Fällen handelt es sich um das Modell einer Gesellschaft, in der für Geld alles käuflich, die Moral kommerzialisiert ist und Geldschulden schwerer wiegen als ein Mord (vgl. Walter Hinck, 1973, S. 189). Doch wie schon aus den Titeln dieser Bühnenstücke hervorgeht, liegen die Akzente völlig verschieden, und die Fragen und Konflikte sind anders gestellt. Brecht interessierten die Ursachen und Bedingungen für eine kapitalistische Utopie, während Dürrenmatt eine konventionelle Ordnung von angeblich humanistischer Orientierung einer monströsen Versuchung aussetzt, um festzustellen, was der Einzelne oder das Kollektiv im Extremfall zu leisten vermag.

Überdies ist die *Mahagonny-Oper* nicht das erste Beispiel mit einem Gemeinwesen oder Kollektiv als Bühnenhelden. Bereits in der Komödienliteratur des neunzehnten Jahrhunderts, in den sogenannten »Krähwinkeliaden« – darunter die Nestroysche Posse von der *Freiheit in Krähwinkel* – wurde die typische Kleinstadt im Konflikt mit konzeptionellen »Einbrechern« auf die Bühne gebracht (vgl. hierzu den aufschlußreichen Beitrag von Peter Pütz, *Zwei Krähwinkeliaden 1802/1848*. In: Walter Hinck [Hg.], *Die deutsche Komödie*. Düsseldorf 1977, S. 175–184). Auch in Dramen wie *Ein Volksfeind* (1883) von Henrik Ibsen oder *Unsere kleine Stadt* von Thornton Wilder tritt ein Kollektiv an die Stelle eines Bühnenhelden. Eine vergleichbare Konstellation findet sich auch in dem Stück *Andorra* von Max Frisch, das nur fünf Jahre nach der Erstaufführung der *Alten Dame* uraufgeführt wurde, aber bereits auf eine Prosaskizze aus dem Jahr 1946 zurückgeht.

Bei einer Betrachtung der stofflichen Einzelteile der *Alten Dame* läßt sich auch das Motiv vom »gefallenen Mädchen« herausgreifen und zu seiner Vorgeschichte auf der Bühne in Beziehung setzen. Beginnend etwa mit der Gretchentragödie in Goethes *Faust*, weitergeführt im Schicksal der *Maria Magdalena* in Hebbels bürgerlichem Trauerspiel, auf ein proletarisches Niveau versetzt im *Lied eines kleinen Abwaschmädchens, genannt Jenny, die Seeräuberbraut* in Brechts *Dreigroschenoper* mündet hier das Motiv in die märchenhaft unwahrscheinliche Heirat des Bordellmädchens und des Milliardärs mit all ihren Konsequenzen, so daß dieser Aspekt der *Alten Dame* auch als »pervertierte Gretchentragödie« bezeichnet wurde (Neumann, 1969, S. 49).

Dergleichen motivische Analogien tragen zum Verständnis des Stückes jedoch nur begrenzt bei, zumal Claire Zachanassian weniger selbst als Konfliktfigur auftritt, als daß sie eine Situation auslöst, in der vor allem die Güllener heimgesucht und entlarvt werden. Wendet man sich der Entstehungs-»Geschichte« der *Alten Dame* zu und verläßt damit den Bühnenbereich motivischer Analogien, so fällt eine weitere motivische Verwandtschaft auf: Die Rückkehr eines Auslandsschweizers in die Heimat, deren Bericht mit der Ankunft an einem Schweizer Bahnhof einsetzt, bildet auch das tragende Motiv in dem zwei Jahre vor der *Alten Dame* erschienenen Roman *Stiller* des Schweizer Schriftstellers Max Frisch.

Im Bereich der Prosa wurden stoffliche und motivische Vergleiche der *Alten Dame* mit Mark Twains Erzählung *Der Mann der Hadleybury korrumpierte* (Charles R. Lefcourt, 1967) und mit Jeremias Gotthelfs Novelle *Die schwarze Spinne* (Roman S. Struc, 1974) durchgeführt.

3 Struktur des Textes

Personen, Ort, Zeit

Das Stück besteht aus drei Akten. Ein kurzes Nachwort enthält einige generelle Regieanweisungen des Autors.

Bereits im Personenverzeichnis zeichnen sich die Kategorien des dramatischen Konflikts deutlich ab: Die Besucher, Die Besuchten, Die Sonstigen und Die Lästigen. Die Besucher bestehen aus der »alten Dame«, Claire Zachanassian, geb. Wäscher und ihrem Gefolge: Den Gatten VII–IX, auch Moby, Hoby und Zoby genannt, einem Butler, auch Boby genannt, zwei Sänftenträgern Toby und Roby, und zwei blinden Eunuchen, Koby und Loby. Die beliebig fortzusetzende Kette dieser Namen, die sich jeweils nur um einen Buchstaben unterscheiden, verrät, daß es sich beim Gefolge der Besucherin nicht um Individuen, sondern um angeschaffte und depersonalisierte Ausstellungsstücke handelt. So wird auch vom Autor ausdrücklich vermerkt, daß die drei Gatten, alle groß, schlank, mit schwarzem Schnurrbart, von immer dem gleichen Schauspieler dargestellt werden können. (S. 44 und S. 85)

Die »Besuchten« bestehen aus den Bürgern der Stadt Güllen einschließlich Ills und seiner Familie. Unter ihnen trägt nur Ill einen vollständigen Eigennamen. Alle anderen Güllener werden ihrer gesellschaftlichen Rolle, nicht ihrem Namen nach bezeichnet. Insofern diese Personen lediglich als Funktionsträger im gesellschaftlichen Kollektiv auftreten, sind sie als auswechselbare Typen aufzufassen, die in ihrer Gesamtheit *eine* dramatische Figur bilden: die Güllener.

Unter den »Sonstigen« befinden sich das Eisenbahnpersonal, also Personen, die Güllen nur auf der Durchreise berühren, und ein ebenfalls von außen kommender Pfändungsbeamter. Daß die Vertreter der »Weltöffentlichkeit«, Pressemänner, Radioreporter und Kameramann, als die »Lästigen« bezeichnet werden, erschließt wiederum die Rolle der Güllener als einer dramatisch einheitlichen Figur, einer in sich selbst geschlossenen Welt, die der Außenwelt gegenüber ein bestimmtes Gesicht zu wahren hat.

Verschiedene Schauplätze innerhalb des Gemeindewesens Güllen bilden in diesem Stück eine umfassende »Einheit des Ortes«. Die Anweisung: »Zeit: Gegenwart« ist zunächst ganz wörtlich aufzufassen als die Gegenwart des Jahres 1955/56, in der das Stück entstand. Die vergangenen Ereignisse, die zum gegenwärtigen Besuch Claire Zachanassians geführt haben, fanden vor 45 Jahren statt (S. 30), also folgerichtig im Jahr 1910 (S. 33). Doch kann »Gegenwart« auch im erweiterten Sinn ganz allgemein als »zeitgenössische Gegenwart« aufgefaßt werden.

Wenn der Autor vorschreibt, daß die Pause nach dem zweiten Akt stattfinden soll, so richtet er sich nach dem Spannungsbogen des Stücks, der genau an der Nahtstelle zwischen dem zweiten und dritten Akt seinen Höhe- und Wendepunkt erreicht. Eine formelle Szeneneinteilung fehlt. Die Verwandlung der Schauplätze geschieht pausen- und vorhanglos, so improvisatorisch wie möglich. Dürrenmatt will also keine »Illusionsbühne« gestalten, sondern beständig daran erinnern, daß hier Theater gespielt wird, dessen Bezüge zur Wirklichkeit der Zuschauer selbst herzustellen hat.

Erster Akt

Der erste Akt bringt eine Exposition auf mehreren Ebenen. Die erste Expositionsebene betrifft den Zustand des Ortes Güllen und seiner Einwohner. In den Eröffnungsszenen des Stücks wird die katastrophale und unerklärliche Verarmung des Städtchens demonstriert, die das Handeln der Güllener im weiteren Verlauf des Dramas bedingt.

Die ersten sechs Auftritte spielen sich am Güllener Bahnhof ab. Man erfährt aus den sporadischen Äußerungen einiger Güllener Näheres über den Zustand des Städtchens. Über den Grund dieses Zustandes hört man nur vage Spekulationen. Er bleibt, bis zum Beginn des dritten Aktes, ein zu lösendes Rätsel für die Güllener wie für die Zuschauer.

Ein Hoffnungsschimmer besteht in der erwarteten Ankunft einer als dea ex machina angesehenen Milliardärin, die als Kläri Wäscher in Güllen aufwuchs. Ill, ihr ehemaliger Liebhaber, übernimmt – in grotesker Fehleinschätzung der Lage, wie sich am Ende des Aktes herausstellen wird – den Kampf um die Millionen.

In diese einerseits trostlose, andererseits kalkuliert hoffnungsvolle Eingangssituation bricht die 62jährige Milliardärin als solcher Kontrast herein, daß der Bahnhofsvorstand folgert: »Die Naturgesetze sind aufgehoben.« Die Besucherin erscheint: »Aufgedonnert, unmöglich, aber gerade darum wieder eine Dame von Welt, mit einer seltsamen Grazie trotz allem Grotesken« (S. 15).

Auf einer zweiten Expositionsebene werden nun bruchstückhaft einige Züge der Zachanassian enthüllt, die sich jedoch erst am Ende des ersten Aktes zu einem Bild ergänzen.

Daß die Besucherin mit festen Plänen in Güllen eingetroffen ist, geht aus ihrer bewußten Entlassung der »Presse« hervor. »Ich brauche die Presse vorerst nicht in Güllen. Und später wird sie schon kommen.« (S. 17) Weitere vorausdeutende Hinweise enthalten ihre seltsamen Fragen an die Bürger Güllens, die Titulierung Ills als »schwarzen Panther« und ihre Vertrautheit mit allen Örtlichkeiten Güllens.

Der Zug, an dessen Spitze Claire Zachanassian schließlich per Sänfte vom Bahnhof in die Stadt Güllen getragen wird, gestaltet sich zum grotesken Bühnenbild, das ebenso bedrohliche wie lächerliche Züge aufweist: Zwei kaugummikauende Monstren dienen als Sänftenträger, gefolgt von einem schwarzen kostbaren Sarg, zwei blinden Eunuchen und Zofen mit Gepäck und unendlichen Koffern, die von den Güllenern getragen werden.

Das Rätsel um die Zachanassian verdichtet sich bei ihrem Einzug ins heruntergekommene Wirtshaus »Zum Goldenen Apostel«, das durch das Emblem einer »vergoldeten ehrwürdigen Apostelfigur« angedeutet wird. Ihr Einzug mit Sarg und Gepäck, darunter ein Käfig mit einem schwarzen Panther, zeigt, daß die Milliardärin länger in Güllen zu bleiben gedenkt, um als »Goldener Bote« in ihrem eigenen Recht die brüchig gewordene christlich-humanistische Tradition des Ortes buchstäblich zu vereinnahmen.

Die groteske Erscheinung der Zachanassian erzeugt eine gewisse neugierige Erwartungshaltung. Man möchte wissen, ob sich Sänfte, Sarg, Monstren und Eunuchen als harmlos-komische »Marotten« (S. 23) der Besucherin erweisen, oder ob sie als dunkel-unheimliche Vorausdeutungen ernst zu nehmen sind.

Die triviale Erklärung einer nostalgisch aufgewärmten Liebesgeschichte, die sich bei Claires und Ills Besuch im Konradsweilerwald anbietet, wird durch die Verfremdung des Hintergrundes, der von den Güllener Bürgern fingiert wird, sowie durch dunkle Andeutungen Claires (»Und ich bin die Hölle geworden«, S. 26) beständig als Illusion zerstört. Claire Zachanassians trockenes Selbsturteil: »Bin nicht umzubringen« tönt der vermeintlichen Liebesszene im Wald ihrer Jugend in unheimlicher Verkürzung durch die beiden Blinden nach: »Nicht umzubringen, nicht umzubringen.« (S. 28)

Welcher Aspekt der Vergangenheit hier »nicht umzubringen« bzw. »umzubringen« sei, wird in der letzten, der eigentlichen Prozeß-Szene des ersten Aktes enthüllt. Hier wird nicht nur die Vorgeschichte der rätselhaften Erscheinung der Zachanassian und ihres Gefolges freigelegt, sondern damit verbunden auch die Vorgeschichte Ills und anderer Bürger Güllens. Gleichzeitig werden in dieser Szene die Fäden für den weiteren Verlauf des Stückes geknüpft, der sich von hier aus mit psychologischer Notwendigkeit und geradezu tragischer Zwangsläufigkeit abwickelt, denn die Antwort des Bürgermeisters klingt zu vorbildlich und zu eindeutig: »Lieber bleiben wir arm denn blutbefleckt.« Doch behält Claire Zachanassian das über die Entscheidung der Güllener hinausweisende letzte Wort, das zugleich die dramatische Situation des zweiten Aktes einleitet: »Ich warte.«

Zweiter Akt

Der zweite Akt zeigt das Kräftespiel unter den Güllenern zwischen Armut und Anständigkeit einerseits und sichtbarem und verfügbarem Wohlstand »auf Kredit« andererseits. Für Ill bedeutet dieses Kräftespiel ein Schwanken zwischen dem Vertrauen in seine Mitbürger, dem Bewußtsein seiner »verjährten« Schuld und der Einsicht des wirklichen Tatbestands: »Ich bin verloren«. Bei all diesen Erwägungen spielt der Faktor der Zeit eine entscheidende Rolle. Claires Entschluß: »Ich warte« ist ihrem Zweck nicht minder förderlich, als die Milliarde, die sie den Güllenern bedingungsweise versprochen hat; ihre Zeit ist so allgewaltig wie ihr Geld. Auch die Güllener versuchen, sich die Zeit zunutze zu machen, indem sie ihre gegenwärtigen Schwierigkeiten auf Kosten einer ungewissen Zukunft aufzuheben suchen. Eine Milliardärin am Ort zu haben, bedeutet für sie, auch über deren Geld in irgendeiner Weise, wenn auch nicht gerade in der von ihr gewünschten, verfügen zu können. So arbeitet die Zeit, die Claire wartend in Güllen verbringt, nicht nur zu ihren Gunsten, sondern scheinbar auch zu Gunsten der Güllener. Der einzige, dem sie den Atem abschnürt, ist Ill.

Das dramaturgische Problem des zweiten Aktes besteht darin, das »Warten« der Zachanassian und die Konsequenzen, die sich daraus für die Güllener einerseits und Ill andererseits ergeben, in szenische Bilder umzusetzen. Dies geschieht durch die Verwendung einer Art Simultanbühne, auf der das Warten Claires und seine Wirkung auf die Güllener gleichzeitig sichtbar werden. Auf dem Balkon zum »Goldenen Apostel« thront Claire im Hintergrund und bereitet sich auf ihre Hochzeit im Güllener Münster vor. Die anfänglich begeisterte und später gelangweilte Reaktion des achten Gatten auf das scheinbar idyllische Güllen bildet eine ironische Folie zur Wirklichkeit:

»So ein Kleinstädtchen bedrückt mich. Nun gut, die Linde rauscht, die Vögel singen, der Brunnen plätschert, aber das taten sie schon vor einer halben Stunde. Es ist auch gar nichts los, weder mit der Natur noch mit den Bewohnern, alles tiefer, sorgloser Friede, Sattheit, Gemütlichkeit. Keine Größe, keine Tragik. Es fehlt die sittliche Bestimmung einer großen Zeit.« (S. 55)

Kontrastierend dazu kommt es im Vordergrund der Bühne zu einer Serie von Auftritten verschiedener Güllener in Ills Laden, die ungewohnte Luxusartikel verlangen und »aufschreiben« lassen. Die Szenen dokumentieren den langsamen Gesinnungswandel der Güllener sowie den Bewußtwerdungsprozeß Ills, der begreift, daß sein Leben die einzige Zahlkraft der Güllener darstellt.
Dabei gemahnen die Gespräche auf dem Balkon beständig an die Allgegenwart der Milliardärin und die Möglichkeiten, die sie verkörpert. Eine Verbindung zwischen den beiden Bereichen entsteht auch durch die Szene der Pantherjagd, deren Metaphorik nur allzu deutlich auf das Kommende verweist.

(In der »Neufassung 1980« ergibt sich aus der Pantherjagd für Ill ein Anlaß zu einem weiteren verzweifelten Rettungsversuch. Nach der Unterredung mit dem Pfarrer nimmt Ill dessen Gewehr und findet vor Claires Balkon den Lehrer mit dem gemischten Chor im Begriff, den Tod des Panthers mit einer Trauerrede zu feiern. Ill vertreibt diesen Auftritt und Claire läßt Hoby mit dem Porsche ausfahren. Während sie in Erinnerungen schwelgt, bedroht Ill sie mit dem Gewehr, wenn sie nicht sage, daß alles nur ein grausamer Spaß sei. Doch Claire scheint es nicht zu bemerken und spricht weiter von der Vergangenheit. Daraufhin läßt Ill das Gewehr sinken.)

Der Rat des Pfarrers, »Flieh, führe uns nicht in Versuchung, indem du bleibst« (S. 57), erweist sich als die einzige ehrliche Bestandsaufnahme der Situation. Also erfolgt die krisenhafte Entscheidung des zweiten Aktes an dem selben Ort, an dem alles unter hoffnungsvollen Vorzeichen begonnen hatte, am Bahnhof. Doch die veränderte Szenerie deutet auf die veränderte Situation.

Der Geschlossenheit des Auftritts der Güllener auf seiten Ills am Ende des ersten Aktes entspricht am Ende des zweiten Aktes ihre Geschlossenheit als lebendige Mauer, die seine Flucht verhindert. Diese Bahnhofsszene bildet zugleich ein strukturelles Spiegelbild zur Mordszene am Ende des dritten Akts. Die Diskrepanz zwischen dem Sprechen und Handeln der Güllener, die sich von Anfang an zeigte, wird hier sehr deutlich und nimmt dann beim Gemeindegericht des dritten Aktes ein Höchstmaß an. Ob die Güllener jedoch, wie Ill annimmt, ihn wirklich am Besteigen des Zuges gewaltsam gehindert hätten, muß dahin gestellt bleiben. Entscheidend ist, daß ihre geschlossene Gegenwart genügt, ihn zurückzuhalten. Auch in dieser Szene, wie in allen vorhergehenden Auftritten des zweiten Aktes, bleibt Ill allein zurück. Seine verzweifelte Einsicht, »Ich bin verloren« stellt zwar den äußersten Tiefpunkt seiner Lage dar, führt jedoch gleichzeitig zu seiner Wandlung zum »mutigen Menschen« im dritten Akt.

Dritter Akt

Die gegenläufigen Entwicklungslinien im Verhalten des Kollektivs Güllen und demjenigen des einzelnen Güllener, den der Zufall zu ihrem Opfer ausersehen hat, durchkreuzen sich zwischen dem Ende des zweiten und Anfang des dritten Aktes. Während das äußerlich aufblühende Güllen und seine Bürger immer skrupelloser und selbstgerechter ihrer neuen Wohlstandsschuld und Mörderrolle verfallen, erlangt der ehemals käufliche »windige Krämer« (S. 77) eine Einsicht in seine Schuld und findet den Mut, nicht länger um ein »sinnloses Leben« (S. 88) zu kämpfen.

Nach Dürrenmatts Anmerkung (S. 103) bringt erst die erste Szene des dritten Aktes die endgültige Wendung. Das bezieht sich auf die Rolle des Kollektivs, die Chancen der Güllener. Für Ill ist die Einsicht in seine Lage schon im Verlauf des zweiten Aktes erfolgt, also eigentlich ehe sie von seiten Güllens besiegelt war. Die Selbsttäuschung der Güllener, alles lasse sich schon arrangieren, wird durch die Enthüllung Claires in der Peterschen Scheune zerstört, daß sie längst alle Industrie im Umkreis von Güllen aufkaufen und stillegen ließ. Das heißt, daß die Güllener, vertreten hier durch den Arzt und den Lehrer, keinerlei Kompromißlösung mehr anzubieten haben, um ihre Schulden zu tilgen. In Hinsicht auf ihr Handeln in der Vergangenheit, als Claire frierend und schwanger aus dem Städtchen vertrieben wurde (S. 68), ist auch jeder Appell an »reine Menschlichkeit« zum Scheitern verurteilt zugunsten einer Weltordnung, die sich ausschließlich auf Finanzkraft gründet. Der Schauplatz dieser Szene, die Scheune mit ihren Lumpen, vermoderten Säcken und riesigen Spinnweben, unter denen Claire im weißen Brautkleid die Verwirklichung ihres »Jugendtraums« (S. 30) abschließt, demonstriert, wie eine traumatisch versteinerte Vergangenheit die Gegenwart beherrscht.

Das wichtigste Moment der folgenden Szene im renovierten Krämerladen sind die Schritte Ills, der seit Tagen im Zimmer oben auf und ab geht. Man sieht ihn nicht im Prozeß seiner Wandlung, man hört nur an seinen unablässigen Schritten, daß etwas mit ihm vorgeht. Gleichzeitig versucht der Lehrer unten im Laden, eine Krise für die Güllener herbeizuführen, indem er sich anschickt, in Gegenwart der Presse »vom Besuch zu erzählen der alten Dame in Güllen« (S. 74). Doch hat er durch übermäßigen Alkoholgenuß die Entscheidung bereits vorweggenommen: »Sie sind betrunken, Herr Lehrer.« (Ebd.) Tatsächlich wäre das Einbrechen der Weltöffentlichkeit in das verhängnisvolle Mordgewebe Güllens noch die einzige Möglichkeit, wie der Plan der Zachanassian vereitelt werden und Güllen »arm aber nicht blutbefleckt« bleiben könnte. Ill selbst ist es, der diese Möglichkeit verhindert. Sein unerwartetes, Schweigen gebietendes Erscheinen im Laden, in dem Augenblick, in dem der Lehrer die »Wahrheit« verkünden will, macht Ill jetzt zum Komplizen der Güllener. Der im Namen der Humanität unternommene Gewissensakt des Lehrers dagegen läuft als alkohol-inspirierte Farce aus.

(In der »Sondereinrichtung« für das Ateliertheater Bern [Neufassung 1980, Anhang, S. 146 ff.] spricht der Lehrer die Worte »Noch weiß ich, daß auch zu uns einmal eine alte Dame kommen wird […]« [S. 78] nicht. Nachdem Ill erklärt, daß alles seine Tat sei, »die Eunuchen, der Butler, der Sarg, die Milliarde. Ich kann mir nicht mehr helfen und euch auch nicht mehr« [S. 77], bleibt auch hier der Lehrer kerzengerade und ernüchtert vor ihm stehen und sagt: »Sie sind ein Schuft, Ill, nichts weiter. Und nun geben sie mir noch eine Flasche Steinhäger.« [Neufassung 1980, S. 152] Damit wird Ills »mutiges Menschentum« scheinbar radikal verurteilt, und zugleich die einzige Spur einer höheren Gerechtigkeit im Stück ausgelöscht.)

Der Besuch des Bürgermeisters bei Ill mit geladenem Gewehr wirkt wie ein retardierendes Moment im glatten Gefälle des letzten Akts. Die Güllener wollen Ills neugefundenen Mut zu dem ihren machen, indem sie ihm antragen, sein Leben selbst zu enden. Doch Ill ist nicht bereit, die Rolle eines Sündenbocks zu übernehmen: »Ihr *müßt* nun meine Richter sein.« (S. 82) Die zwei letzten Auftritte vor der Gerichtszene gehören noch der privaten Sphäre Ills an. Sie demonstrieren seine neugefundene Gelassenheit beim Abschied von seiner Familie und von Claire. Das im Theatersaal des »Goldenen Apostels« unter dem Schillermotto »Ernst ist das Leben, heiter die Kunst« stattfindende Gemeindegericht weist eine integrale Spiel-im-Spiel Struktur auf. Doch dient diese weniger dazu, die Vorgänge zu verfremden, als sie recht eigentlich glaubhaft zu machen. Denn jetzt ist sogar die »Weltöffentlichkeit« in Gestalt von Radioreportern, Pressephotographen und Journalisten zugelassen, ohne den schönen Schein einer Volksabstimmung zu durchschauen. Claires großzügige Schenkung an die Gemeinde wird im Namen der »Gerechtigkeit« angenommen. Ills plötzlicher Tod wird als »Herzschlag« dokumentiert und von der Presse als »Herzschlag aus Freude« interpretiert.

Der Schluß-Chor in seiner formalen Angleichung und gehaltlichen Pervertierung der antiken Tragödie (genauer, des Preisliedes auf den Menschen aus der Sophokleischen *Antigone*) gestaltet sich zum schauerlichen Manifest der internen Verlogenheit und Selbsttäuschung, mit der das »Welt-Happy-end« der Wohlstandsgesellschaft erkauft wurde. An der Selbstgerechtigkeit und dem Werte-System der Güllener wird sich auch in Zukunft nichts ändern.

4 Wort- und Sachkommentar

Die Seitenangaben beziehen sich auf die Einzelausgabe des Stückes im Verlag der Arche, Zürich 1956.
Im Programmheft zur Züricher Uraufführung (S. 7–10) befand sich unter der Überschrift »Randnotizen, alphabetisch geordnet« ein von Dürrenmatt selbst zusammengestellter Wort- und Sachkommentar. Diese Randnotizen wurden jetzt auch in den Anhang der »Neufassung 1980« (Diogenes Verlag, Zürich, S. 137–141) aufgenommen. Der Vollständigkeit halber werden diese »Notizen« auch hier hinzugefügt (s. u., S. 30f.). Alle mit einem * versehenen Ausdrücke sind auch im Autorkommentar zu finden.

S. 3 Zum Titel: Dieser war ursprünglich mit dem Untertitel »Komödie der Hochkonjunktur« vorgesehen* und stellt in seiner gegenwärtigen Form eine Objektivierung des Geschehens dar, die ein breiteres Interpretationsspektrum ermöglicht.

S. 5 Zum Personenverzeichnis: vgl. Kap. 3.
*Claire Zachanassian, geb. Wäscher**: Der Vorname der Multimillionärin erscheint in mehreren Formen: Claire (französ.); Klara (Dtsch.) aus dem lat. Clara (die Berühmte); Kläri, auch Klärchen, einheimische intime Form. Der Nachname, Zachanassian, setzt sich aus Anklängen an die Namen mehrerer durch ihren Reichtum bekannter Männer zusammen: *Zacha*roff, Munitionsfabrikant zur Zeit des Ersten Weltkriegs; O*nass*is, griechischer Großreeder; Gulben*kian*, armenischer Erdölmagnat. Der Mädchenname »Wäscher« betont im Gegensatz zu ihrem angeheirateten Namen Claires einfach-bürgerliche Herkunft, er läßt aber auch eine funktionale Deutung im Sinne von »reinwaschen« bzw. »klar-waschen« zu. – *Ill**: engl. »krank«. Dieser Name wurde in der angelsächsischen Adaption des Stückes zu »Schill« abgeändert.

S. 7 *Güllen**: meist aus dem Alemannischen als »Jauche« übersetzt.

Erster Akt

S. 10 *Die Armenian Oil, die Western Railways, die North Broadcasting Company:* engl. Namen von Erdöl-, Eisenbahn-, und Funkgesellschaften, die, obwohl fiktiv, wie Weltkonzerne klingen. – *Berthold Schwarz:* Franziskaner Mönch, der im vierzehnten Jhdt. das Schießpulver erfunden haben soll. – *Ecole des Beaux-Arts:* (französ.) Kunstakademie.

S. 12 *Der »Börsianer«**

S. 13 *Schulrodel:* (bayr.-österr.) Schulurkunden; Rodel = (Akten)Rolle.

S. 16 *Sigrist:* Kirchendiener, Küster; von ital. sagrestano, ›Sakristan‹. – *Gib ihm tausend, Boby:* Da das Stück in jedem mitteleuropäischen Land spielen könnte, bleibt die spezifische Währungsbezeichnung aus und damit offen.

S. 21 *Sing-sing:* berüchtigtes Gefängnis im Staate New York.

S. 23 *Apostelfigur, ein Emblem:* Auch die »Alte Dame« kann im ironisch-übertragenen Sinne als »Goldener Apostel« aufgefaßt werden. – *Parze:* In der römisch-griechischen Mythologie gab es drei Schicksalsgöttinnen od. Parzen: *Klotho*, die die Lebensfäden spann; *Lachesis*, die deren Länge maß, und *Atropos*, die die Fäden schnitt.

S. 24 *Lais:* es gab zwei berühmte griechische Hetären dieses Namens, die ältere z. Zt. des Peloponnes. Kriegs zählte zu ihren Liebhabern den Philosophen Aristippos; die jüngere kam um 415 v. Chr. als Kriegsgefangene ins Land. Christoph Martin Wieland führt beide Lais in seinem Roman *Aristipp und einige seiner Zeitgenossen* als ideale Schönheiten vor. – *Orkus:* römische Unterwelt, Totenreich. – *antike Größe:* die zahlreichen vom Lehrer verwendeten Vergleiche aus der Kulturwelt des griech.-röm. Altertums charakterisieren ihn als »Humanisten«, als »Freund der alten Griechen« (S. 75), dessen »Humanität« daher später umso wirkungsvoller Schiffbruch erleidet. Später (S. 68) vergleicht er die Zachanassian auch mit *Medea,* der Heldin der antiken Tragödie gleichen Namens von Euripides (485–406).

S. 26 *Henry Clay:* berühmte Zigarrenmarke.
S. 32 *Appellationsgericht:* zweite gerichtliche Instanz in der Schweiz.

Zweiter Akt

S. 41 *Milchkessel:* auch Milchkanne oder kleinerer Topf.
S. 44 *Ganghoferfilm:* Ludwig Ganghofer (1855–1920), Unterhaltungsschriftsteller. Autor von (z. T. histor.) Heimatromanen, die auch erfolgreich verfilmt wurden. – *Graham Greene:* englischer Romanschriftsteller (geb. 1904).
S. 46 *Pascha:* ein hoher Staatsbeamter oder General in der alten Türkei. – *Marrakesch:* bedeutendste Stadt in Südmarokko. – *Ike:* Spitzname für Eisenhower, Präsident der Vereinigten Staaten von 1953–1961. – *Nehru:* indischer Ministerpräsident (1889–1964).
S. 48 *Dupont:* grosser amerikanischer Chemiekonzern. – *Die Lustige Witwe:* Operette von Franz Lehár (1870–1948).
S. 50 *Sphinx:* Auch von Claire Zachanassian heißt es in der Anmerkung zum Stück (S. 102), sie sei »etwas Unabänderliches, Starres geworden, ohne Entwicklung mehr, es sei denn, zu versteinern, ein Götzenbild zu werden.«
S. 51 *Eine blonde Pegasus:* Zigarrenmarke. – *Rößli fünf:* Schweizer Zigarrenmarke.
S. 54 *Onassis:* griechischer Großreeder (1906–75). – *Der Herzog und die Herzogin:* vermutlich »The Duke and Duchess of Windsor«. – *Aga:* Aga Khan III, Oberhaupt der schiit. Sekte der Nizari-Ismaeliten. – *Ali:* Sohn Aga Khans und internationale Persönlichkeit. – *Rivierakram:* gemeint ist der internationale Kreis an der Riviera.
S. 55 *Sigrist:* Kirchendiener (vgl., S. 16).
S. 56 *Das Kindchen* [...] *muß in Sicherheit gerückt werden:* Der Heidelberger Katechismus betont, daß »in der heiligen Taufe [der Mensch] erinnert und versichert« werde, »daß das einige Opfer Christi am Kreuz [ihm] zugut komme.«
S. 58 *schrieb dem Regierungsstatthalter nach Kaffigen:* Vertreter der Regierung des Kantons (oder Landes) in der nächstliegenden Hauptstadt.

Dritter Akt

S. 66 *Erster Korinther dreizehn:* Der erste Brief des Apostels Paulus an die Gemeinde in Korinth, ein »Lobpreis der Liebe als der höchsten Gnadengabe«. – *Geiselgasteig:* Filmstudiogelände im Süden von München. – *Sind sich gewöhnt:* sind daran gewöhnt (od.) haben sich daran gewöhnt.
S. 67 *minim:* minimal.
S. 69 *als arrivierter Metzger:* als neureicher Metzger; die Verwendung des Fremdworts erhöht den Kontrasteffekt zwischen der Berufsbezeichnung und Eigenschaftsbestimmung. – *Saridon:* Mittel gegen Kopfschmerzen.
S. 70 *Steinhäger:* ein Kornschnaps.
S. 73 *Romanze:* vgl. *Liebespaar.
S. 76 *Life:* eine amerikanische Illustrierte, bekannt für große Titelbilder. – *Eine Partagas:* teure Zigarrenmarke.
S. 78 *Opel Olympia:* deutscher Wagen (1947–57).
S. 83 *Messerschmidt:* deutscher Kabinenroller in den fünfziger Jahren. *C'est terrible:* (französ.) das ist schrecklich. – *Adalbert Stifter**
S. 87 *Im afrikanischen Felsental marschiert ein Bataillon:* Fiktive Ballade in der Tradition des Bänkelsongs oder Küchenliedes, vermutlich eine »Moritat« aus der Fremdenlegion erzählend. – *Geneviève:* französ. für »Genovefa« (vgl. das Drama von Tieck, *Die heilige Genovefa,* das auf Volksbuchvorlagen und Volkserzählungen aus dem 17. Jhdt. zurückgeht).

S. 88   *O Heimat süß und hold:* (Fiktives?) sentimental volkstümliches Heimatlied.
S. 89   *Ernst ist das Leben, heiter die Kunst:* eigentlich »Ernst ist das Leben, heiter ist die Kunst« aus Schillers Prolog zu *Wallensteins Lager* (1798).
S. 90   *Traktandum:* Verhandlungsgegenstand.
S. 91   *Altvordern:* Vorfahren.
S. 96   *Prophet Amos:* Der alttestamentarische Prophet Amos ist dafür bekannt, daß er gegen die Sünden des Volkes eiferte. Im *Buch Amos* wird die unbeugsame Gerechtigkeit Gottes betont, die anerkannt werden muß, ehe der Mensch ins rechte Verhältnis zu Gott kommen kann.
S. 98   *Apotheose:* festlicher Höhepunkt. – *Welt-Happy-end:* ist Dürrenmatts eigene Wort-Komposition. – *havariert:* Seesprache für »beschädigt«.
S. 99   *Salonwagen vorne:* Expreßzüge hatten oft besondere Wagen für gesellschaftliche Anlässe oder Unterhaltung.

Anmerkung

S. 102   *Johann Nestroy:* österr. Komödiant und Lustspieldichter, der für das Wiener Volkstheater schrieb (1801–1862). – *Thornton Wilder:* amerik. Dramatiker (1897 geb.), in dessen Stück *Unsere kleine Stadt* (1938) ein Theaterwagen vorkommt. – *Marshallplan:* finanzielle Anleihe der Vereinigten Staaten nach dem Zweiten Weltkrieg, zur Ankurbelung der europäischen Wirtschaft. – *Apokalypse:* (griech.) Offenbarung, auch »Geheime Offenbarung«, letztes kanonisches und einziges prophetisches Buch des Neuen Testaments, geschrieben um 95 vom hl. Johannes auf der Insel Patmos. Enthält Gesichte über die unmittelbar erwartete »Endzeit«. Daher im übertragenen Sinne auch diese Bedeutung.

Randnotizen, alphabetisch geordnet
von Friedrich Dürrenmatt
nach dem Programmheft der Züricher Uraufführung am 29. Januar 1956

Angst: Hier keine metaphysische Größe, sondern eine meßbare. Klebt an den Gegenständen. Dürrenmatt (siehe dort) faßt sie daher nicht so tief auf wie die Existentialisten. Er nichtet nicht, wird aber öfters von Kritikern vernichtet (siehe dort). Das Nichts tritt als Goldzahn auf (siehe Polizist).
Anspielung: Auf die gegenwärtige Welt wird nicht angespielt, wohl aber spielt die gegenwärtige Zeit auf.
Autor: schrieb als Mitschuldiger.
Breisenbach: Ort zwischen Brunnhübel und Leuthenau.
Berstet: Erhöht die Feierlichkeit von »birst«.
Börsianer: Tägliche Schnellzugverbindung zwischen Hamburg und Zürich.
Chor: (am Schluß): »Standortbestimmung als gäbe ein havariertes Schiff seine letzten Signale.« Vom Publikum mit einer gewissen Trauer anzuhören.
Dürrenmatt: Friedrich, geb. 5. Januar 1921. Lebt in Neuchâtel (siehe Angst, Autor, Kritiker).
Einfälle: »So höre ich immer wieder, ich sei der Mann der maßlosen Einfälle, der gleichsam ohne Zucht und Disziplin daherschreibe. Was ist nun aber ein Einfall? Darüber zerbrechen sich manche den Kopf. Begreiflicherweise. Für sie entsteht Literatur aus der Literatur, Theater aus Theater ... Meine Kunst dagegen entsteht nicht primär aus der Kunst – ohne den Einfluß leugnen zu wollen, den auch auf mich andere Schriftsteller haben –, sondern aus der Welt, aus dem Erlebnis, aus der Auseinandersetzung mit der Welt, und genau dort, wo die Welt in Kunst gleichsam übersprungen wird, steht der Einfall: Weil die Welt

mit ihren Ereignissen in mich einfällt (wie ein Feind oft in eine Festung), entsteht eine Gegenwelt, eine Gegenattacke, als eine Selbstbehauptung.«

Gatten: Mit der alten Dame verheiratet (siehe Zachanassian). Numerierung schwankt.

Gegenwart: Steinbruch, aus dem ich die Blöcke zu meinen Komödien haue.

Geld: wichtig.

Güllen: Name einer Stadt zwischen Kaffigen und Kalberstadt. Liegt am Rande des Konradsweilerwalds (siehe dort) und der Niederung von Pückenried. Gegründet von Hasso dem Noblen (1111), 5056 Einwohner (52 Prozent Protestanten, 45 Prozent Katholiken, 3 Prozent sonstige). Gotische Kathedrale mit berühmtem Portal, das Jüngste Gericht darstellend, Stadthaus, Hotel »Zum Goldenen Apostel«, Gymnasium. Industrie: Wagnerwerke, Bockmann, Platz-an-der-Sonne-Hütte. Jetzt Schnellzugverbindungen. Der Name der Stadt soll auf Begehren der stimmfähigen Bürger in Gülden umgewandelt werden. Kultur: Theatersaal. Bekannte Blasmusik.

Güllener: Einwohner von Güllen. Treten Typen angenähert auf. Der Bürgermeister, der Lehrer usw. Durchaus nicht bösartige Zeitgenossen, die in Schwierigkeiten geraten. Entwickeln in steigendem Maße Sinn für Ideale.

Hochkonjunktur: Komödie der Hochkonjunktur: früherer Untertitel des Stücks.

Ill Alfred: (siehe Liebespaar), Händler, geboren 1889.

Konradsweilerwald: wildreich.

Komödie: (moderne) Form der dramatischen Kunst, die voraussetzt, daß die Gemeinschaft kein Recht habe, in einen feierlichen Chor auszubrechen. Die Gemeinschaft wird kritisch betrachtet (siehe Tragödie).

Kritiker: (siehe unter X).

Leuthenau: Dörfchen zwischen Brunnhübel und Güllen.

Liebespaar: Claire Zachanassian (siehe dort) und Alfred Ill sind ein klassisches Liebespaar mit einigen Abweichungen. Fast Mythen.

Loken: Weiler zwischen Brunnhübel und Kalberstadt.

Panther: Kommt als Kosewort und wirklich vor (Fall für Psychoanalytiker).

Polizist: (siehe Angst). »Die Polizei ist da, den Gesetzen Respekt zu verschaffen, für Ordnung zu sorgen, den Bürger zu schützen.«

Positives: Verlangt der Theaterbesucher gleich ins Haus geliefert. Ist jedoch bei einigem Nachdenken in jedem Stück zu finden.

Reporter: Errichten neben der wirklichen Welt eine Phantomwelt. Heute werden die beiden Welten oft verwechselt.

Sophokles: Wird nicht verhöhnt. Der Autor achtet ihn hoch (siehe Chor).

Stifter: Adalbert. Österreichischer Dichter 1805–1868 (siehe Sophokles).

Tragödie: (antike) Form der dramatischen Kunst, die voraussetzt, daß die Gemeinschaft ein Recht habe, in einen feierlichen Chor auszubrechen. Die Gemeinschaft wird idealisiert.

U: (siehe Kritiker).

Wäscher: Gottfried, Vater der Klara (Claire), Architekt. Erbauer des Gebäudes, welches der Zuschauer im ersten Akt gleich links erblickt (von ihm aus gesehen). Gestorben 1911.

X: (siehe U).

Zachanassian: Claire, geborene Wäscher, 1892 (siehe Gatten). Name zusammengezogen aus Zacharoff, Onassis, Gulbenkian (letzterer beerdigt in Zürich). Wohltätige Dame.

5 Gedanken und Probleme

5.1 Stilistische und sprachliche Darstellungsmittel

Jeder Versuch einer Interpretation, Analyse oder adäquaten Einschätzung des Stückes muß dessen tragisch-komischem Anspruch gerecht werden. Dieser äußert sich generell im Darstellungsverfahren des Autors und speziell in der Verwendung von optischen, akustischen und dialogischen Wirkungsstrategien.

Stilistische Darstellungsmittel

Als »Requisit« werden im allgemeinen Theatergeräte, Gegenstände, Utensilien und Kostüme bezeichnet, die der historischen Kennzeichnung oder dramaturgischen Darstellung dienen. Hans-Jürgen Syberberg hat gezeigt, daß im *Besuch der alten Dame* das Requisit eine gewisse Selbständigkeit gewinnt, indem es eine »abgeschlossene Eigenwelt« darstellt, die »der Handlung in einem ›problematischen‹ Sinne parallelläuft« und »der traditionellen Vormachtstellung der Sprache weitgehende und schwierige Vergegenwärtigungsmöglichkeiten abringt« (Syberberg, 1965, S. 38).
Soweit es sich beim Requisit in diesem Stück um Gegenstände handelt, können diese sowohl Zeichen- wie Symbolcharakter annehmen. Die von den Güllenern auf Kredit gekauften Waren, wie Vollmilch, Weißbrot, Schokolade, Tabak, Schreibmaschine, Radio, Waschmaschine, Pelzmantel usw., erhalten zunächst Zeichenwert. Sie demonstrieren einen ungerechtfertigten Luxus. Deshalb kann Dürrenmatt in den »Randnotizen« (s. o., S. 30) »Angst« (d. h. hier die Angst Ills) als »meßbare Größe« definieren, die an »den Gegenständen« klebt. Die »gelben Schuhe« jedoch, an denen Ill die Gesinnungsänderung seiner Mitbürger erkennt, werden Symbole des Verrats. So nennt auch der Pfarrer die neuangeschaffte zweite Kirchenglocke »die Glocke des Verrats« (S. 57). In der Ladenszene im dritten Akt gestaltet sich aus dem Verkauf eines Beils eine symbolische Handlung – bei der das Beil eine Art Dingsymbol für die Hinrichtung Ills durch die Güllener darstellt –, die gleichzeitig ironisch gebrochen wird, dadurch daß die Pressephotographen, indem sie diese Szene anordnen, gerade das Einfach-Alltägliche und »Natürliche« zu zeigen glauben.
Gewisse Gegenstände dienen als Attribute zur Charakterisierung von Personen. So unterscheiden sich z. B. die Gatten Claire Zachanassians lediglich durch die zu ihnen gehörenden Dingattribute: Angelruten oder Porsche; sie sind als Person reduziert auf ihre Attribute.
Claire Zachanassian selbst ist das beste Beispiel einer solchen Charakterisierung durch Ding-Attribute. Perlenhalsband, riesige Armringe, ein edelsteinbesetztes Lorgnon, aber auch ihre Prothesen, die Sänfte, in der sie sich bewegt, gehören

dazu und bewirken das unheimlich Mechanische und Unvereinbare ihrer Erscheinung. Als Verlängerung dieser sie charakterisierenden Attribute können die »herkulischen Monstren« und »blinden Eunuchen« in ihrem Gefolge aufgefaßt werden, sowie die sie begleitenden Gatten. Sie selbst sagt im Beisein des Gatten IX: »Einen Mann hält man sich zu Ausstellungszwecken, nicht als Nutzobjekt.« (S. 86) Die verschiedenen Zigarrensorten, die sie raucht, tragen zur Charakterisierung bestimmter Situationen bei. So raucht sie die Sorte ihres siebten Gatten erst, nachdem sie von ihm geschieden ist, und erst bei der Abschiedsszene mit Ill im Konradsweilerwald raucht sie eine »Romeo et Juliette«.

Im Gegensatz zu diesen gegenständlichen »appendices«, die einen integralen Bestandteil von Claires Erscheinung ausmachen, erweist sich der schwarze Sarg als ein vorausdeutendes Dingsymbol. Auch der »schwarze Panther«, der zu ihrem Gepäck gehört, stellt mehr als ein Requisit dar. Syberberg (1965, S. 43) bezeichnet ihn als »emblematisch-heraldisches Symbol«. Als Apostrophierung Ills, der gleich eingangs von Claire an diesen »Kosenamen« erinnert wird (S. 18), dient dieses Symbol der Ironisierung, denn nichts könnte auf die Figur des berechnenden Krämers, der jetzt »fett, grau und versoffen« ist, weniger zutreffen. Außerdem stellt diese Bezeichnung auch eine Wunschprojektion Claires dar, auf die sie beim Anblick von Ills Leiche wieder zurückkommt (S. 97). Überdies wird im Mittelakt in der Pantherjagd-Szene die Jagd auf Ill sinnfällig angedeutet, so daß die Pantherjagd eine Art Bindeglied zwischen den Bereichen Claires und Ills darstellt. Das Symbol des schwarzen Panthers, der von der ersten bis zur letzten Szene als Bestandteil des Verhältnisses zwischen Claire und Ill auftaucht, dient als Mittel der für das moderne Drama von Volker Klotz geforderten »metaphorischen Verklammerung«, die Handlung und Problematik bildhaft verbindet (vgl. Syberberg, 1965, S. 45).

Ein weiteres Darstellungsmittel, das in diesem Stück mehrdeutigen Hinweischarakter annimmt, ist das Zitat. Hierzu gehören sowohl wörtliche Zitate (etwa aus der Bibel: »Erster Korinther dreizehn«, S. 66; der Prophet Amos, S. 96; oder aus den Klassikern: »reine Menschlichkeit«, S. 68; »Ernst ist das Leben, heiter die Kunst«, S. 89) als auch Namen, Plakate, Schlagertexte (»O Heimat süß und hold«, S. 88; »Im afrikanischen Felsental marschiert ein Bataillon«, S. 87), »Die lustige Witwe« im Radio, der Choral aus der Matthäuspassion, der Hinweis auf das »Jüngste Gericht« welches das Portal des Güllener Münsters auszeichnet, sowie der »Goldene Apostel« als Wirtshausbezeichnung und sichtbares Emblem. Bedeutungswert haben auch die Namen aller Konfliktträger im Drama: »Güllen«, »Ill«, »Klara Wäscher« bzw. »Claire Zachanassian« (vgl. Kap. 4).

Unter den Zitaten, deren Assoziationskreis im Widerspruch oder in einem Spannungsverhältnis zur dargestellten Szenerie steht, sind die Namen der vorbeirasenden Expreßzüge aufschlußreich: »Die Gudrun«, »Der rasende Roland«, »Der Diplomat«, »Die Lorelei«, »Der Börsianer«. Syberberg beschreibt verschiedene Wirkungen dieser Namen:

»1.) Die heterogene Zusammenstellung überrascht und schockiert. […] Namen mit stark national-patriotischem Gefühlswert stehen neben solchen merkantiler Art. […] 2.) Begriffe geistiger Welten werden als Etiketten für einen Gebrauchswert verwendet. 3.) Dieser Gebrauch der früher, und eventuell auch heute noch, mit Gefühlswerten beladenen Begriffe zum Zweck einer herabziehenden Etikettierung, ruft […] neben dem Lachen das Empfinden eines geistigen Verlustes unserer kulturellen oder sprachlichen Tradition hervor. (Ohne Zweifel wird hier nur der Fahrplan zitiert. Trotz der dramatischen Steigerung des Ausdrucks beabsichtigt der versteckte Angriff nicht, alte Kultur zu retten. Die im dramatischen Ausdruck zugespitzten Zeitsymptome provozieren Lachen und gleicherweise Entsetzen.)« (Syberberg, 1965, S. 40 f.)

Ein heterogener Assoziationskreis ergibt sich auch durch die von Claire zitierten Namen ihrer Hochzeitsgratulanten und die damit verbundenen geographischen Begriffe: Ike, Nehru, Lord Ismyr, Graf Holk, Onassis, Aga, Ali, Riviera, Kairo, Sphinx, Buckinghampalace usw. Während diese Namen Claire als »Dame von Welt« ausweisen, stehen sie im ironischen Gegensatz zur totalen Abgeschlossenheit der Eigenwelt Güllens.

Außer den optischen »Zitaten« auf Plakaten, Transparenten, Türschildern, die meist in einem ironischen Spannungsverhältnis zum vordergründigen Handlungsverlauf stehen – so etwa die Plakate in der zweiten Bahnhofsszene oder das Kartonherz mit den Buchstaben AK im Konradsweilerwald – werden auch akustische Mittel zeichenhaft eingesetzt. In den Waldszenen klopft ein Güllener mit einem rostigen Hausschlüssel auf eine alte Tabakspfeife, um den Specht nachzuahmen und unterhöhlt so die angeblich romantische Atmosphäre. Das Geräusch der Züge am Bahnhof übertönt die Rede des Bürgermeisters. Ein »Glockenton« ertönt gelegentlich und verleiht gewissen Ausdrücken oder Vorgängen einen ironischen Akzent (vgl. S. 12, S. 19, S. 59). Die Feuerglocke bimmelt statt der versetzten Kirchenglocken nicht zum geplanten Zeitpunkt des Empfangs, dafür umso zweideutiger (als Willkommens- und Warnungszeichen) beim Einzug der Zachanassian in Güllen.

Zusammenfassend läßt sich über die Funktion all dieser außersprachlichen Darstellungsmittel sagen, daß sie sowohl zur Deutung der vordergründigen Handlung beitragen als auch zur ironischen Distanzierung, zur Täuschung und Irreführung. Zweifellos bilden die zeichenhaften und mehrdeutigen Darstellungsmittel einen Grund für die zahlreichen Deutungen des Stückes aus dem mythologischen Bereich (vgl. unten, 5. 3). Denn wird die Zeichen- und Zitatsprache Dürrenmatts nicht in ihrer ironischen Vieldeutigkeit verstanden, sondern verabsolutiert, so lassen sich auf ihr ohne Schwierigkeit die verschiedenartigsten Mythenkonstruktionen aufbauen.

Ein gutes Beispiel für die divergenten Auffassungsmöglichkeiten einer solchen Bühnenwelt bietet der dramaturgische Einfall, in den Szenen im Konradsweilerwald die Güllener Bäume darstellen zu lassen. Der Autor begründet diesen Einfall als eine Art Ernüchterungsmittel, um das potentiell Peinliche der Situation abzuschwächen (S. 101). Dagegen wurde eingewendet, daß dies nur auf die erste dieser Szenen anwendbar sei, da Ill später »von jeder Peinlichkeit befreit« sei (vgl.

Elisabeth Brock-Sulzer, 1973, S. 88). Die Forschung, die diese Szenen vor allem auf ihren (grotesken) Gehalt an »nicht-sein-dürfendem Kontrast« hin abklopft, hebt hervor, daß alles an dieser Umgebung gefälscht ist. Das Hämmern des Spechts wird mit einer Tabakspfeife und rostigem Schlüssel erzeugt, das Schild mit dem Buchstabenherz AK stellt keine authentische Vergangenheit dar, sondern wurde nur für den gegenwärtigen Anlaß hergestellt, der Kuckucksruf ist menschliche Nachahmung usw. Diese Täuschung macht den Zuschauern bewußt, daß die schönen Täuschungen der Erinnerung falsch sind (vgl. Eugene E. Reed, 1961, S. 11).

In einer anderen Deutung dieser Szenen (E. S. Dick, 1968, S. 504 f.) wird aufgrund der von den vier Güllenern gesprochenen Zeilen, mit denen sie sich als Wald mit allem Zubehör identifizieren (*Alte Dame*, S. 25, S. 84), ihr Waldspielen als ein Ritualspiel aufgefaßt. Als solches werde es vor allem durch die Halbkreisstellung erkennbar und stelle eine Verbindung her zum späteren Ritualmord.

In der Adaption des Stücks von Maurice Valency schließlich, die unter der Regie von Peter Brook aufgeführt wurde, fiel das Bäumespiel ganz weg. Offenbar mit größtem Erfolg: Die Szenen im Konradsweilerwald wurden von der Theaterkritik als »der Fels« bezeichnet, auf dem der Rest des Abends stehe. Die Verschmelzung der beiden Persönlichkeiten sei im Augenblick vollständig. Man verstehe, was sie einander waren und warum sie sich so verhalten werden, wie sie es tun (vgl. Maurice Zolotow, 1964, S. 268). Offenbar war gerade dies der Effekt, den der Autor ursprünglich hatte vermeiden wollen.

Im Gegensatz zu diesen Auffassungen kann das Bäumespielen der Güllener auch einfach als Bestandteil der »Entstofflichung des Bühnenbildes« angesehen werden (Syberberg, 1965, S. 50 f.), die Dürrenmatt in den *Theaterproblemen* näher erklärt:

»Man erinnerte sich der Tatsache, daß der dramatische Ort auf der Bühne nicht vorhanden ist, und wäre das Bühnenbild noch so ausführlich, noch so täuschend, sondern durch das Spiel entstehen muß. Ein Wort, wir sind in Venedig, ein Wort, wir sind im Tower. Die Phantasie des Zuschauers braucht nur leichte Unterstützung. Das Bühnenbild will andeuten, bedeuten, verdichten, nicht schildern. Es ist transparent geworden, entstofflicht.« (*Theater-Schriften*, S. 104).

Die Bühne Dürrenmatts strebt nicht nach der Theatralik der barocken Illusionsbühne oder der wissenschaftlichen Abbildung eines Lebensausschnitts im Sinne der Naturalisten. »Sie wäre« nach Syberberg (1965, S. 51) vielmehr »den Wirkungen der Bedeutungsbühne shakespearescher Art vergleichbar«. Dies entspricht dem parabolischen Charakter von Dürrenmatts Stücken, die jeweils ein Modell menschlicher Beziehungen in einer Versuchsanordnung darstellen. Die Übertragung dieses Modells auf die eigene Wirklichkeit bleibt dann dem Zuschauer überlassen.

Sprachliche Darstellungsmittel

Der Vieldeutigkeit der »Zeichensprache« in diesem Drama entspricht eine Mehrdeutigkeit des Dialogs, dessen Hauptfunktion es ist, zwischen dem Gesagten und dem eigentlich Gemeinten einen variablen Abstand aufzureißen. Speziell für den Dialog der Güllener hat Erna K. Neuse Stilmittel der klassischen Rhetorik nachgewiesen, die vor allem der Verbergung dienen.

»Der Dialog ist fast immer zweidimensional, um die moralische Facade der Bürger und ihre wahre Geistesverfassung zu zeigen. Selbst wenn die Güllener zusammen sprechen, findet kein eigentlicher Dialog statt, lediglich Monologe, in denen die Sprecher die Feststellungen ihrer Vorsprecher fortsetzen. Diese Leute [...] sind typische Vertreter eines anonymen und gesichtslosen Massendenkens. Die Sprecher benutzen den Dialog als Mittel zum persönlichen Gewinn und um ihr Gesicht zu wahren. Doch enthüllt ihre Sprache ihre Scheinheiligkeit und Dummheit und läßt den Mangel an echt zwischenmenschlichem Kontakt peinlich gewahr werden.« (Neuse, 1975, S. 225)

Eine differenziertere Untersuchung der Dialogformen im »Besuch der alten Dame« findet sich bei Syberberg (1965, S. 20–37), der drei verschiedene Erscheinungsformen des Sprechens in diesem Stück unterscheidet: das Zu-einandersprechen, das Neben-einandersprechen, und das An-einandervorbeisprechen. Die Form des Zu-einandersprechens, etwa zweier feindlicher Parteien, die sich gegenseitig überzeugen wollen, erscheint relativ selten. Sie läßt sich teilweise in den Gesprächen zwischen Ill und dem Polizisten, dem Bürgermeister und dem Pfarrer nachweisen, wo Ill die Gegenpartei von seiner Gefährdung überzeugen will in der Meinung: »Wenn ich rede, habe ich noch eine Chance, davonzukommen.« (S. 53) Häufiger treten die zwei anderen Dialogformen auf. Ein gutes Beispiel für das Neben-einandersprechen bietet die Eingangsszene mit dem Gespräch der vier Güllener auf der Bahnhofsbank. Ihre Äußerungen, in denen abwechselnd die Namen der Expreßzüge auftauchen, dann die Namen der Industrie- und Hüttenwerke, zeichnen sich durch Nebenordnung, Elliptik und Reihung aus. Dabei ist es gleichgültig, welcher der Männer welchen Namen nennt, denn ihre sprachlichen Rollen sind austauschbar. Sie sprechen nebeneinander, nicht zueinander, ihr assoziativer, parataktischer Dialog bildet eigentlich einen Monolog. Durch die elliptische, asyndetische Sprechweise kommt ein stakkatoartiger Rhythmus zustande, der die monologische Qualität unterstreicht. Ein Wort oder Satzfragment eines Güllleners dient jeweils als Stichwort für die sprachliche und gedankliche Assoziation des nächsten. Am Ende wird als gemeinsamer Ausdruck der Konsternation ein einziger vollständiger Satz auf sechs Sprecher verteilt: »[1:] Der DZug! [2:] Hält! [3:] In Güllen! [4:] Im verarmtesten [5:] Lausigsten [6:] Erbärmlichsten Nest der Strecke Venedig–Stockholm!« (S. 15) Eine ähnliche Verteilung von Sätzen oder Versen auf verschiedene Sprecher findet sich auch im klassischen Drama in der Form der Stichomythie, und einige mythische Deutungen des Stückes legen Wert auf diesen Hinweis (vgl. unten, 5. 3). Doch der Unterschied ist wichtig: Die Stichomythie zeichnet sich durch antithetisches Sprechen aus, das eine intensivierte Form des Zu-einandersprechens darstellt, während das bruchstückhafte Rollensprechen hier völlige Gleichgestimmtheit ausdrückt. Deshalb geht diese Art des Dialogs oft in ein chorisches Miteinandersprechen über, etwa in der Bahnhofsszene des zweiten Akts, in der die Güllener Ill gegenüber einstimmig ihre Freundschaft betonen.

»Der Bürgermeister: Das ganze Städtchen begleitet Sie.
    Alle: Das ganze Städtchen! Das ganze Städtchen!
    Ill: Ich habe euch nicht hergebeten.
  Der Zweite: Wir werden doch noch von dir Abschied nehmen dürfen.
Der Bürgermeister: Als alte Freunde.
    Alle: Als alte Freunde! Als alte Freunde!« (S. 59)

Auch in der Szene des Gemeindegerichts am Ende des Stücks kommt es zum chorisch-hymnischen Sprechen, das hier fast liturgischen Charakter annimmt. Erst durch die Kamerapanne und die dadurch bedingte nochmalige Wiederholung tritt eine ironische Brechung ein.

Das chorische Sprechen gipfelt in der Schlußszene des Dramas, wo die Güllener tatsächlich die Form des antiken Chors übernehmen, um den Wohlstand zu preisen; und obwohl hier zwei Chöre auftreten, sprechen diese nicht etwa gegeneinander oder zueinander, sondern in völliger Übereinstimmung. Es läßt sich feststellen (Syberberg, 1965, S. 30), daß dieses Neben-einandersprechen stets »am Schluß einer Handlung oder Gedankenkette« liegt, die dadurch zusammenfassend erhöht wird.

Die kleinste Einheit dieses chorischen Nebeneinanders bzw. Miteinanders im Drama läßt sich in den Äußerungen der beiden Eunuchen beobachten, die wie *eine* dramatische Figur auftreten: »Wir sind in Güllen. Wir riechen's, wir riechen's, wir riechen's an der Luft, an der Güllener Luft.« (S. 22) Hierzu merkt der Autor an (S. 102), daß beide auch abwechselnd reden können statt zusammen, dann aber ohne Wiederholung der Sätze.

Während Gleichgestimmtheit in verschiedene Worte gekleidet sein kann, die alle dasselbe meinen (wie in der Eingangsszene des Dramas), tritt im Falle des Aneinandervorbeiredens oft das umgekehrte Verhältnis ein. Bei Verwendung des wörtlich gleichen Ausdrucks meint und versteht jeder Sprecher etwas anderes. Dies trifft fast in allen Gesprächen der Güllener mit oder in Anwesenheit von Reportern zu. Dadurch daß die Güllener sich die Mehrdeutigkeit der Sprache bewußt zunutze machen, gelingt es ihnen, die beim Gemeindegericht anwesenden Journalisten durch die Mehrdeutigkeit ihrer sprachlichen Klischees völlig zu düpieren und so eine Schein-Harmonie mit den Maßstäben der Außenwelt vorzutäuschen (S. 90 ff.)

An anderen Stellen (z. B. in der zweiten Bahnhofsszene) kommt es zur offensichtlichen Divergenz von Worten und Handlung. Während die Güllener sich so dicht um Ill scharen, daß er sich kaum bewegen kann, fordern sie ihn gleichzeitig auf einzusteigen und wünschen ihm »eine gute Reise«. (S. 59 f.)

Obwohl auch Claire Zachanassian, etwa in ihren Fragen an die Bürger, oder in einigen Gesprächen mit Ill, um der ironischen Entlarvungen willen bewußten Gebrauch von der Mehrdeutigkeit der Sprache zu machen versteht (»Eure selbstlose Freude über meinen Besuch rührt mich«, S. 31), zeichnet sich ihr Dialoganteil im allgemeinen gerade durch »Unverblümtheit« aus und ruft so die besondere Schockwirkung oder erleichterndes Gelächter hervor. Sie gehört nach Profitlich (1973 a, S. 86) zu jenen Gestalten Dürrenmatts, »denen die Ideale keine Vorwände bedeuten«:

»Die Äußerungen einer Gesinnung, die sich der ethischen und ästhetischen Normen und Tabus entschlagen hat, sind bald ordinär und burschikos, bald blasphemisch, bald makaber und grotesk. [...] Außerhalb der menschlichen Ordnung stehend, betrachtet sie Menschen als ›Kram‹, als eine ›käufliche Ware‹, spricht vom Ökonomischen und Nützlichen, wo der Anstand pietätvolles Schweigen vorschreibt, scherzt, wo man Respekt erwartet, zeigt sich abgebrüht statt gefühlsbestimmt, ungeniert und direkt statt taktvoll und zimperlich. [...] Claires fremdartiges Gebaren [hat] mit der Charakter- und Situationskomik der Güllener, die eine Ausmünzung des Schein-Sein-Kontrasts ist, wenig gemein.« (Ebd., S. 86)

Zusammenfassend läßt sich feststellen, daß auch die Sprache vor allem dem komisch-tragischen Spannungsgefüge des Dramas dient. Sie trägt entscheidend zum irisierenden Überbau der Komödienstruktur bei, unter dem sich hier und da »der Abgrund des Tragischen« (vgl. *Theater-Schriften,* S. 122 f.) zeigt.

5.2 Analytische Fabel und Prozeß-Struktur

Das Drama vom »Besuch der alten Dame« setzt mit einem zweifachen Rätsel ein. Die erste Frage: was ist der Grund für den wirtschaftlichen Ruin Güllens zu einer Zeit, wo »das Land floriert« (S. 11)? Die zweite Frage: warum kommt die reichste Frau der Welt nach fünfundvierzig Jahren gerade zu diesem Zeitpunkt in ihre Heimatstadt zurück?

Die Antwort auf die zweite Frage wird am Ende des ersten Aktes in Form eines von Claire inszenierten Verhörs aufgedeckt. Die Antwort auf die erste Frage enthüllt sich erst zu Beginn des letzten Aktes.

Über Güllen hat sich also ein »Schicksalsknoten« zusammengezogen, lange bevor die Urheberin, Claire Zachanassian, dort eintrifft. Das Drama von ihrem »Besuch« stellt als »analytische Fabel« lediglich die Entwirrung und Auflösung dieses bereits vorher geknüpften Verhängnisses dar: die Handlung verläuft so, wie sie von Claire, einer außerhalb der menschlichen Ordnung stehenden Macht, längst vorherbestimmt war.

»So wie Ödipus' Schicksalsknoten schon durch die unbedachten Begebenheiten zu Anfang seines Weges geknüpft ist, das dem Vater Laios vom Delphischen Orakel prophezeite Unglück durch den Sohn, dessen Aussetzung und unwissentliche Tötung des Vaters bei der Rückkehr nach Theben und Heirat der eigenen Mutter, so wie die im Inzest gezeugte Ödipus-Tochter Antigone schon in der Schuldvorgabe ihrer Herkunft ihr Los vorbestimmt erkennen muß, erweisen sich auch alle Ausflüchte der Güllener als hoffnungslos.« (Durzak, 1976, S. 91)

Wenn Claire die Rückkehr in ihren Heimatort am Ende des ersten Aktes als Prozeß inszeniert, so handelt es sich um einen »Prozeß auf zwei Ebenen« (Durzak, 1972, S. 93–95). Ein Teil dieses Prozesses ist auf die Vergangenheit gerichtet. Ein »Fehlurteil im Jahre 1910« (S. 34) soll aufgedeckt und die Schuldigen zur Verantwortung gezogen werden. Auf der zweiten Prozeß-Ebene weist Claires Forderung an die Güllener, Ill gegen eine Milliarde zu töten, in die Zukunft. Das heißt, der ursprünglich nur gegen Ill gerichtete Prozeß wird damit auch auf die Gesellschaft übertragen, die seinen Betrug möglich machte. Denn ginge es Claire nur darum, Ill zu richten und hinzurichten, so brauchte sie damit kaum eine ganze Gemeinde zu beauftragen und eine Milliarde dafür auszusetzen. Es bestünde hier ein unbegreifliches Mißverhältnis zwischen Zweck und Mittel, und der Polizist hätte völlig recht, wenn er Ill gegenüber erklärt: »weil der Preis von einer Milliarde übertrieben ist, das müssen Sie doch selber zugeben, für so was bietet man tausend oder vielleicht zweitausend, mehr bestimmt nicht, da können Sie Gift drauf nehmen« (S. 47; vgl. E. Speidel, 1974/75, S. 19). Daß es Claire nicht lediglich um die Wiederaufnahme des Prozesses gegen Ill geht, sondern um die Inkriminierung einer »Welt«, sagt sie selbst eindeutig genug: »Die Welt machte mich zu einer Hure, nun mache ich sie zu einem Bordell.« (S. 69) Damit ergibt sich die Frage: Wie läßt sich die Schuld einer ganzen Stadt, eine Kollektivschuld also, unter Beweis stellen? Dieser Beweis wird in den beiden folgenden Akten erbracht. Evident wird die Käuflichkeit und Bestechlichkeit der Güllener, die derjenigen Ills, als er Claire und ihr Kind mit Hilfe falscher Zeugen vertrieb, nicht nachsteht. Allerdings hat Claire, in der Rolle des Schicksals, Güllen nur wenig Entscheidungsfreiheit gelassen. Durch das Aufkaufen sämtlicher Industrien und Ländereien, das den Güllenern erst enthüllt wird, als sie bereits tief verschuldet sind, bleibt diesen kaum noch ein Ausweg, und ihre eigentliche Kollektivschuld des Mordes an Ill vollzieht sich nahezu erwartungsgemäß.

5.3 Mythische, christliche und kultische Deutungsmöglichkeiten

Geht man von den strukturellen Gegebenheiten des Enthüllungsdramas aus, dessen Prototyp in Sophokles' *Ödipus* vorliegt, und zieht man überdies eine Parallele zwischen der von der Pest befallenen Stadt Theben und der katastrophalen Verarmung der Stadt Güllen, so ist es nur noch ein kleiner Schritt zu einer auch inhaltlichen Deutung der *Alten Dame* im Sinne des Ödipusdramas. Bei der Durchführung einer solchen Interpretation (vgl. Melvin W. Askew, 1961) fällt der »alten Dame« zunächst die Rolle der Sphinx zu, die hier das Rätsel der Gerechtigkeit aufgibt; dann auch die Rolle eines unerforschlichen Gottes, der in dem neuen materialistischen Mythos unserer Zeit »die Naturgesetze aufhebt« (vgl. *Alte Dame*, S. 15). Nicht nur auf Ill, die Ödipusfigur, hat diese Sphinx einen kastrierenden und entmannenden Einfluß, indem sie ihn zum passiven Sündenbock reduziert, der am Ende vor einem Muskelmann kniet, sondern auch auf die Masse der Güllener, ja auf die Welt, vertreten durch ihre politischen Exponenten. Besonders hervorgehoben wird in dieser Deutung die »Reduktion des Lebens zum Ritual, [...] die erfolgreiche Ritualisierung und Bestätigung der tiefsten, schwärzesten und vielleicht unerträglichsten Ahnungen des modernen Menschen« (Askew, 1961, S. 89f.). Die Ritualisierung zeigt sich sowohl in der Handlung wie auch in der stilisierten Sprache und im Dialog des Stückes. Vom Gespräch der Güllener in der Eingangsszene des Stückes wird behauptet: »Hier ist die Sprache des Rituals, gesprochen von gesichtslosen Repräsentanten, dem Gottergebenen oder Priester, und hier ist auch eine Sprache so hoch stilisiert und ritualistisch wie die Stichomythien der griechischen Tragödie.« (Ebd., S. 91)

Eine solche Deutung, die letztlich in der Komödie eine einzige »Moralität« sieht, mit Ill als »Jedermann«, hat weitgehende Variationsmöglichkeiten. Jenny C. Hortenbach (1965, S. 147) legt eine Deutung der Komödie als »moderne Darstellung der Passionsgeschichte« vor; und zwar »nicht nur in Einzelaspekten oder in grotesker oder nihilistischer Entstellung, sondern in der vollen Bedeutung des Wortes«. Claire wird hier in der Rolle eines allmächtigen, richtenden, alttestamentarischen Gottes gesehen. »Wie im Alten Testament Sünde immer das ganze Volk betrifft, so verlangt Gott das Sühnopfer von dem ganzen Volk.« (Ebd., S. 151) Claire fordert Ills Leben als eine Buße von Güllen. Obwohl der Bürgermeister ihr Angebot ablehnt, können die Güllener ihr nicht entgehen, da sie die Zeit aufheben kann (*Alte Dame*, S. 35). Ills Betrug an Klara entspricht Adams Sündenfall, der Schuld und Verfall über die Welt bringt, und im Verlauf des Stücks wird Ill aus einem »alten Adam« in den neuen Adam, die Christus-Figur, verwandelt. Er prophezeit seine Leidensgeschichte wie Christus, als er auf die Frage des Bürgermeisters, wer ihn bedrohe, antwortet: »Einer von euch« (S. 53). Nach dem Ende des zweiten Aktes zieht er sich in die Einsamkeit seines »Gethsemane« zurück und »wird ein neuer Mensch, bereit für seine frühere Schuld zu sühnen und fähig, die Schuld und Strafe Güllens durch das Opfer seines Lebens zu entfernen« (Hortenbach, 1965, S. 157). Dazu kann ihn der Bürgermeister nicht zwingen (Ladenszene: dritter Akt), denn »Ill, wie Christus, gibt sein Leben freiwillig ›zur Bezahlung für viele‹ (Markus 10, 45).« (Ebd., S. 157) Ills Tod findet am selben Tage statt wie Claires Hochzeit. Die Beziehungen zwischen diesen Ereignissen werden durch die Musik aus der Matthäuspassion betont. Ills Ausruf während des Gemeindegerichts: »Mein Gott!« erinnert an den Ausruf Christi, »Mein Gott, mein Gott, warum hast du mich verlassen?« (Matthäus 27, 46). Seine Worte an den Pfarrer: »Beten Sie für Güllen« sind gleichfalls verwandt mit Worten aus der Leidensgeschichte Christi. Die Auferstehung zeigt Dürrenmatt nicht. »Sie wird jedoch angedeutet in der Szene, wo Ill vor seinem Tode Güllen aufblühen sieht, Blumen, Kinder, und Liebespaare überall, die das neue Leben der Stadt offenbaren und auf eine glückliche Zukunft hinweisen« (Hortenbach, 1965, S. 160). Aber obgleich Ills Tod die Rettung der Stadt bedeutet, so bedeutet er auch Gericht. Der Hinweis auf den Propheten Amos ist eine Andeutung der Zukunft Güllens. Abschließend heißt es, Dürrenmatt habe ein Drama geschrieben

über das zweideutige Thema: »Es ist uns besser, ein Mensch sterbe für das Volk, denn daß das ganze Volk verderbe« (Joh. 11,50), ein Thema, das sowohl menschliche Schuld wie göttliche Wahrheit zum Ausdruck bringe.
Diese Interpretation ist so detailliert und schlüssig durchgeführt, unter Hinweis auf zahlreiche Bibelstellen, daß mehrere der folgenden Deutungen des Stücks darauf Bezug nehmen und versuchen, sie anhand ihrer eigenen Darstellung zu widerlegen.
Zu den Interpretationen der *Alten Dame*, die auf biblischen Mythos zurückgreifen, gehört auch ein weniger detaillierter Versuch, das Drama als »Allegorie« einer Begegnung zwischen Gott und Hiob aufzufassen (vgl. Kurt J. Fickert, 1967). Gerade die verschiedenartigen Aspekte der Dürrenmattschen »Bedeutungsbühne« (vgl. 5. 1) bestätigen für Fickert das »allegorische Muster«, trotz Dürrenmatts Anmerkung (S. 101): »Ich beschreibe Menschen, nicht Marionetten, eine Handlung, nicht eine Allegorie.« Fickert sieht allegorische Hinweise in den Namen der Personen, der Expreßzüge, der Fabriken und Hüttenwerke.

»Auch die Handlung findet bis zu einem gewissen Grad im Bereich der Imagination statt: die Schauplätze werden simuliert, nicht dargestellt; die Geschehnisse werden verallgemeinert statt artikuliert. Eine eher figurative als wirkliche Jagd auf einen schwarzen Panther findet statt. Der Höhepunkt des ganzen Spiels zeigt die Leute von Güllen in einer ballettartigen Aufführung, welche den Tod Ills eher abbildet als verursacht. Dürrenmatt selbst verwikkelt sich in die literarische Dimension seines Stückes, indem er dem Dialog ›Claire: Denk mal nicht, Zoby‹ die Bühnenanweisung beifügt: *Er denkt nicht.*« (Fickert, 1967, S. 389)

Der Autor sieht als das »Thema« der allegorischen Hinweise die Gerechtigkeit in der menschlichen Welt. Es geht um die Konfrontation eines »Jedermann« mit einer übermenschlichen Kraft, »unendlich, mächtig, unergründlich«, die in der Lage ist, sein Leben einem Gericht zu unterziehen. »Die Begegnung ist archetypisch und das ursprüngliche Beispiel solcher Auseinandersetzung findet zwischen Gott und Hiob statt.« (Ebd., S. 390) So wie Hiob am Ende seine eigene Unwürdigkeit als völlig irrationale Vorstellung auf sich nimmt und in seiner selbstlosen »Lehnstreue« seinen Lohn findet, ergeht es Ill. »Ills große menschliche Leistung, wie diejenige Hiobs, besteht darin, den Sieg des Irrationalen hinzunehmen. Er sagt: ›Ich weiß nur, daß ich ein sinnloses Leben beende‹.« (Ebd., S. 391)
Im Gegensatz zum Buch Hiob endet jedoch Dürrenmatts Drama weder »affirmativ« noch tragisch. Der Autor bemüht sich, abschließend zu zeigen, daß Dürrenmatt »die Unfähigkeit, in bezug auf die Gott-Hiob Situation zu einer Endlösung zu gelangen« (ebd., S. 391) mit anderen zeitgenössischen Autoren teilt.
Auf einer eher kultisch-mythischen als biblisch-mythischen Ebene bewegt sich eine Deutung von Dürrenmatts *Alter Dame* als »Welttheater und Ritualspiel« von E. S. Dick (1968). Statt in Claire Zachanassian den alttestamentarischen Gott der Rache sehen zu wollen, den es zu versöhnen gilt, soll in ihrer Gestalt »die große Welt nach Güllen« kommen und Güllen »zur Welt hin« erweitern. Wie im Drama Calderons und Hofmannsthals der göttliche Meister über dem Geschehen auf der Weltbühne thront, thront Claire im zweiten Akt als allgegenwärtiger Gott über

dem von ihr inszenierten Geschehen in Güllen. Außerhalb dieser zwei Theaterebenen besteht in den »Zonen der Jugendliebe«, dem Konradsweilerwald und der Peterschen Scheune ein »Sonderbereich«. Der Wald zumal erweist sich als »Raum der reinen Phantasie, [...], die im Märchenhaften und Mythischen wurzelt«, und steht letztlich »für einen mythischen Vorzeitbereich« (ebd., S. 504 f.). Die Tatsache, daß er durch die Güllener selbst dargestellt wird, ist als Ritualspiel zu verstehen, als »Vergegenwärtigung eines archetypischen Modells mythischer Prägung«. Im Zeichen der Auflösung der abendländischen Zivilisation sinkt schließlich die ganze Gemeinde in diesen mythischen Vorzeitbereich zurück und gibt in diesem Sinne als »havariertes Schiff, weit abgetrieben, die letzten Signale«. Doch ist das Geschehen der heidnischen Ritualhandlung im letzten Akt zugleich das Kernstück einer rituellen Neugründung. Die Güllener begehen in den Waldszenen und durch das rituelle Menschenopfer Handlungen, »die für die Neuerrichtung ihrer Stadt fundamentale Bedeutung« besitzen (ebd., S. 509).

Eine streng *psycho*-mythische Analyse und Deutung des Stücks, die sich auf Freud und Jung stützt, hat Roger Edward Wilson (1977) vorgelegt. Die Arbeit ist zu differenziert, um ihr in einem verkürzten Abriß und ohne Berücksichtigung weiterer Fachliteratur gerecht zu werden. Dennoch soll versucht werden, die Ausgangs- und Endpositionen des Autors hier anzudeuten.
Wilson geht von einer dreifachen These aus. Es soll erstens gezeigt werden, daß die Phantasie-Elemente (die im unbewußten Drama der menschlichen Psyche am Werk sein können), die in mythischer Anordnung das Stück durchziehen, von regressiver, inzestuöser, und letztlich lebensverneinender Art sind und, wie sich am Verhalten der Güllener zeigt, durch die menschliche Unfähigkeit motiviert werden, den eigenen unvermeidlichen Tod in den Griff zu bekommen, sowie durch die Flucht vor der Wirklichkeit des Selbst und der physischen Individualität. Es soll weiterhin gezeigt werden, daß die gemeinsame Konfrontation des Menschen mit diesen großenteils unbewußten Impulsen von Dürrenmatt um das Motiv der Furchtbaren Mutter gruppiert wird, die in der Person Claires verkörpert ist. Drittens soll angedeutet werden, daß Dürrenmatt die mythische Formulierung dieser Phantasien mit zeitgenössischer gesellschaftlicher Relevanz ausstattete, indem er ihre Funktionsweise und ihren endlichen Triumph in vorwiegend geldliche Sprache übertrug. (Vgl. Wilson, 1977, S. 276)
Der Autor sieht im anfänglichen Verhalten der Güllener und Ills eine Art frustrierte Todesflucht, die paradoxerweise zugleich eine morbide Todessucht darstellt, bis zur allmählichen Einsicht Ills, daß »die Flucht vom Tode, die in die Arme der Furchtbaren Mutter führt, lediglich eine Lebensverneinung darstellt, und daß das körperliche Leben die Hinnahme der Wirklichkeit des Todes voraussetzt« (ebd., S. 267). So erreicht Ill durch das Annehmen des Todes eine größere Lebensnähe und menschlicher als die anderen Figuren im Stück.
Die Tötung Ills wird als die von der Furchtbaren Mutter geforderte Selbstkastrierung der Güllener aufgefaßt, die dabei aus sicherer Distanz eine Rolle als Zuschauer ihrer eigenen Hinrichtung genießen. Nach dieser Deutung hat Dürrenmatt das psychologische Kräftespiel dramatisiert, »das der Abtötung und Entmenschlichung einer Gesellschaft zugrunde liegt, deren Wesen oder Identität lediglich in ihrem materiellen Besitz lokalisiert ist«. Die Spannungsverhältnisse im Stück zeigen, »wie das Leben der Güllener allmählich von ihren Körpern losgelöst und am Ende in leblosen Zeichen von Unsterblichkeit sublimiert wird, wie ihre Flucht vor der Wirklichkeit des Todes einen Verlust des Körpers bzw. der Sexualität darstellt« (ebd., S. 288).

Was einige dieser vom mythischen, christlichen oder kultischen Anspielungsgehalt des Stückes ausgehenden Deutungen verbindet, ist die *ernsthafte* Anerkennung des »Welt-Happy-end«, in welches das Stück seiner *Komödien*qualität nach einmündet. Dieses »Ernstnehmen« des Komödien-Endes bedeutet wohl teilweise eine Verkennung der komödiantischen Absicht, die durch die oberflächliche »happy end« Struktur gerade auf eine Entheroisierung und Entmythisierung des Geschehens abzielt. Ein Vergleich der *Alten Dame* mit Hugo von Hofmannsthals *Jedermann* (vgl. Rudolf Koester, 1969) zeigt, daß Dürrenmatt die Mittel Hofmannsthals auf den Kopf stellt. Statt in Form einer positiv ausgedrückten Lehre ermahnt Dürrenmatt durch stechende Ironie und beißende Satire. »Das Wohlstandsparadies seiner *dea ex machina* erweist sich als groteske Inversion eines Heilsplans. [...] Statt die *Alte Dame* als ›moderne Darstellung der Passionsgeschichte in der vollen Bedeutung des Wortes‹ zu bezeichnen, wäre es in Anbetracht der letzten Szene richtiger, von einer umgekehrten Moralität zu sprechen.« (Ebd., S. 380)

Ein zweiter gemeinsamer Faktor dieser Deutungen (die vielleicht nicht zufällig großenteils dem Bereich der angelsächsischen Literaturkritik entstammen) ist die zentrale Position Ills im Handlungsgefüge des Dramas. In mehreren Fällen dient die Güllen-Handlung lediglich dazu, die Ill-Komponente des Geschehens, d. h. seine Entwicklung und Wandlung zum »Helden« zu ermöglichen. Der Akzent liegt damit weniger auf der Frage nach der Schuld des Kollektivs, als auf der Rolle des Einzelnen im Verhältnis zu einer gottähnlichen oder dämonischen Macht, die scheinbar willkürlich in sein Leben eingreift. Die Untersuchung von E. Speidel (1974/75) ist in dieser Hinsicht paradigmatisch. Zwar sieht der Autor in der Tatsache, daß das vermeintliche »Schicksal« die Macht des Geldes darstellt, eine deutliche Einladung zur Kritik an dieser Macht, ein »Nicht-Aristotelisches Element« des Stückes und eine im Sinne Brechts exponierte Verknüpfung zwischen dem »göttlichen« und menschlichen Bereich, gelangt aber dennoch zu dem Schluß, daß die Handlung auf seiten der Güllener sich um Ills willen abspielt:

»Claires Wunsch, ihn sich zurückzugewinnen durch sein Leiden und seinen Tod gibt ihr, aus ihrer Sicht, das Recht ihn auszusuchen und die Rechtfertigung, eine ganze Stadt um einer Person willen zu manipulieren. Das Stück zeigt schlagend den Grad bis zu welchem der Einzelne, der im Brennpunkt der Tragödie steht, zum ausschließlichen Mittelpunkt des Interesses wird. [...] Er wird die Achse, um die sich die Welt dreht, während das Schicksal buchstäblich Himmel und Erde in Bewegung setzt um seinetwillen.« (Speidel, 1977/75, S. 21)

Daß die Tendenz zur Hervorhebung der tragischen Komponente des Stücks, je mehr sie in Form einer mythischen oder christlichen Deutung »aufgeht«, d. h. »Sinn« ergibt, seinem Anspruch, »ein böses Stück« zu sein, (Anmerkung, S. 103) nicht mehr gerecht wird, ist evident. Der Autor selbst hat in seiner Anmerkung die mythische und implizite die mythisch-christliche Deutung antizipiert und widerlegt: »Sinnvoll allein wäre er [der Tod Ills] im mythischen Bereich einer antiken Polis, nun spielt sich die Geschichte in Güllen ab. In der Gegenwart.« (S. 102 f.)

5.4 Zum politischen Aussagegehalt des Stückes

Da Güllen keine »mythische Polis« (und gewiß auch keine *civitas dei*) darstellen soll, besteht die Möglichkeit seiner Deutung aus der Sicht »politischer« Gegenwart, wobei das Wort gerade in seinem ursprünglich gesellschaftsbezogenen Sinne zu verstehen ist. Dürrenmatt, der gelegentlich von der Kritik des mangelnden politischen Engagements verdächtigt wurde, erklärte u. a. in den *Werkstattgesprächen* (S. 123):

»Jedes Theaterstück hat nun einmal seinen soziologischen Hintergrund; der große Fehler mancher Dramatik – auch mancher modernen Dramatik – besteht darin, den Menschen nur als Individuum darzustellen, gleichsam raumlos, oder dann höchstens in einem konventionellen Rahmen. Der Mensch ist nun aber ein zoon politikon, und der politische Zwinger, in welchem er sich aufhält, in welchem er mehr oder weniger gut gefüttert wird und in welchem er seine Gewohnheiten entwickelt, dieser politische Zwinger bestimmt auch ihn.«

Es besteht also kein Zweifel, daß in Dürrenmatts Sicht die politischen mit den wirtschaftlichen Gegebenheiten Hand in Hand gehen. Der ursprünglich geplante Untertitel des Stückes, »Komödie der Hochkonjunktur«, hätte überdies deutlich auf die Zusammenhänge mit der wirtschaftlichen Lage der fünfziger Jahre hingewiesen, nicht nur in der Schweiz, sondern in den meisten westlichen Ländern. Bereits eine »zweite Konjunkturwelle sucht die Schweiz von 1952 bis 1957 heim« (Jan Knopf, 1976, S. 89), während in Westdeutschland diese Jahre das »Wirtschaftswunder« bringen und in den USA das technologische Wettrennen mit Rußland einsetzt. Aus dieser zeitgeschichtlichen Perspektive ergeben sich etwa folgende Fragen: Deutet die »Komödie der Hochkonjunktur« und damit die Kritik an der Wohlstandsgesellschaft auf antikapitalistische oder antisozialistische Tendenzen des Stückes? Oder geht es hier im umfassenderen »politischen« Sinne um den Ausverkauf der humanistischen Tradition europäischer Prägung, die aus Güllen wie ein »havariertes Schiff, weit abgetrieben, die letzten Signale« abgibt? (Bühnenanweisung, S. 98)

Als Satire auf den Kapitalismus wurde das Stück zunächst in Moskau aufgefaßt. Dazu äußert sich Hans Bänziger (1967, S. 172f.):

»Dabei aber wurde dort übersehen, daß die Lächerlichkeit menschlicher Einrichtungen allgemein zu Dürrenmatts Betrachtungsweise gehören; Unfreiheit verunmöglicht das Lachen; früher einmal wünschte Dürrenmatt keine Aufführung in Moskau und gab dem dortigen Theater zu verstehen, das Stück spiele in westlichen Verhältnissen und sei nur in unseren Breitengraden verständlich; er sei hingegen bereit, eine passende Fassung für die Länder hinter dem Eisernen Vorhang zu verfertigen.«

In den *Werkstattgesprächen* von 1962 (S. 128 f.) berichtet der Autor selbst darüber folgendes:

»Als man im Moskauer Satirischen Theater einmal die ›Alte Dame‹ aufführen wollte, schrieb mir der Regisseur, er sei von meiner Satire sehr beeindruckt, verstehe aber nicht, wie ich glauben könne, daß alle Menschen käuflich seien. Ich schrieb ihm zurück, daß ich meinerseits nicht verstünde, wie er dies aus der ›Alten Dame‹ herauslesen könne: wenn ›Der Besuch der alten Dame‹ eine Satire sei, so sei auch die Aussage des Stückes satirisch und die könne dann nicht lauten: alle Menschen sind käuflich, sondern: Paßt auf, daß auch ihr da unten nicht so werdet, wie wir hier auf der Bühne geworden sind! – Darauf hat man das Stück in Moskau nicht aufgeführt.«

In einer Darstellung über *Satire und groteske Dramatik* (1966) geht später Erich Kühne aus der Sicht der DDR ausführlich auf die hier indirekt aufgeworfene Frage ein, ob und unter welchen Bedingungen das Stück als Satire aufzufassen sei. Kühne leitet seine Definition einer »Satire« aus der Geschichte der »klassisch-realistischen Komödie« (z. B. *Minna von Barnhelm*) ab, »die den Geschichtsprozeß der Überwindung der herrschenden feudalhöfischen Ideologie durch die bürgerlich-aufklärerische Ideologie zum Hauptthema und Konfliktstoff hat« (Kühne, 1966, S. 540). Nach Kühne »zielt die Satire auf eine Wirklichkeit *wie sie ist*« und »suggeriert diese Wirklichkeit als *nichtseinsollend*« (ebd., S. 541, Hervorhebung durchgehend Kühnes). Anhand von Dürrenmatts *Besuch der alten Dame* legt der Autor dar, daß es in der westdeutschen und westeuropäischen Literatur zu einer »Verringerung der realistischen Aussage« kommt aufgrund der »Verabsolutierung einzelner Formen des Komischen«, z. B. der Groteske (ebd., S. 548). Er hebt anhand einer ausführlichen kritischen Besprechung von Wolfgang Kaysers Buch (*Das Groteske. Seine Gestaltung in Malerei und Dichtung*, 1957) die neuartige, nicht-realistische Wertungsskala der »modernistischen Ästhetik« hervor. Diese steht mit »metaphysisch-fatalistischen« Anschauungen im Zusammenhang: »Die unerkannte kapitalistische Wirklichkeit tritt als *rätselhafte Schicksalsmacht* auf« (ebd., S. 553). Was Dürrenmatt mit Autoren wie Maeterlinck, Strindberg und Pirandello verbinde, sei »die Überzeugung von der *Ohnmächtigkeit einer ethisch-charakterlichen Bewährung* gegenüber den auf die einzelnen einstürmenden großen und kleinen Gewalten« (ebd., S. 556).
Wo der Autor nach dieser ausführlichen literaturhistorischen Einleitung unmittelbar auf den *Besuch der alten Dame* zu sprechen kommt, stellt er dem Stück zunächst ein anerkennendes Zeugnis aus:

»Dürrenmatt ist ein hervorragendes Beispiel dafür, bis zu welchem hohen Grad der Kritik der eigenen Gesellschaft ein bürgerlicher Autor fähig ist, sofern er in humanistischen Traditionen verwurzelt ist und die seine realistisch-kritische Position stärkenden Anregungen des sozialistischen Realismus (Brecht) aufzunehmen vermag.« (Ebd., S. 557)

Gegenüber der »kritisch-realistischen Grundtendenz« des Stückes wird dann als seine Schwäche die »*Abkapselung der Aussage des dramatischen Konflikts*« angesehen, die eine »Verlagerung der Fabel- und Konfliktkonzeption« bewirke:

»Statt der *Realkritik* rückt eine *Moralkritik* in den Mittelpunkt der szenischen Darstellung. Die Stoßkraft der komödisch gestalteten Satire gilt nicht der Hauptklasse der imperialistischen Gesellschaft, sondern einer Zwischenklasse, den kleinbürgerlichen Mitläufern und Nutznießern der Monopolbourgeoisie, die unter der Wirkung des Monopolkapitals dauernd ruiniert werden und sich objektiv im historischen Auflösungsprozeß befinden. Von Dürrenmatts satirischer Komödienkritik wird damit fast mehr der Trabant und Betroffene eines gesellschaftlichen Prozesses erfaßt als sein Urheber, zweifellos eine gewisse Einbuße der sonst beachtlichen Gesellschaftskritik des Schweizer Autors.« (S. 558)

Im folgenden Abschnitt stellt Kühne dar, wie die Handlungsführung der *Alten Dame* nach Art der klassischen Komödiendarstellung hätte verlaufen können und, nach Ansicht dieses Autors, vielleicht hätte verlaufen sollen. Obwohl sich in der Eingangsszene am Güllener Bahnhof die »seelische Lethargie und Mutlosigkeit« der Einwohner bemerkbar macht, scheinen diese noch »genügend Findigkeit, Schlauheit, Gewandtheit und Energie« aufbringen zu können, um den Besuch der Millionärswitwe zu nutzen. Hier könnte nun »die große Umkehrung« bevorstehen, bei der die »Kleinen zu den wahrhaft Großen« und die »angeblich Großen zu den Kleinen, die sie im geschichtlichen Sinne sind«, würden. Auf diese Weise würde der »Umwälzungsprozeß einer großen geschichtlichen Epoche« veranschaulicht (ebd., S. 559).

Dieser Entwurf eines alternativen Handlungsverlaufs der Komödie ist insofern bemerkenswert, als Dürrenmatt ja ursprünglich eine Novelle, *Mondfinsternis*, entworfen hatte, in der, so weit das aus den bisher veröffentlichten Andeutungen des Autors ersichtlich ist (vgl. oben, 2. 2), die Einwohner des Ortes dem Angebot einer hohen Geldsumme widerstanden und dem Besucher durch eine List das Leben genommen hätten. Erich Kühne führt (ebd., S. 559) aus, daß

» – sofern etwa die objektiv ebenfalls vorhandenen demokratischen Elemente und Tendenzen im Kleinbürgertum stärker ins Auge gefaßt sein würden – in einer Übertölpelung der Claire Zachanassian, in einem scheinbaren, listigen vorgespiegelten Eingehen auf ihre Provokation [ein Sieg der Güllener über die Millionärswitwe] möglich wäre.«

Im Gegensatz zu einer solchen Lösung bleibt in der *Alten Dame* »die im Besitz der Macht stehende Partei [...] im Besitz der Macht«, wodurch das Stück, was die Konfliktdarstellung und seine Lösung betrifft, der Grundposition der Tragödie angenähert wird.

»Der Sieg der ›großen‹ Millionärswitwe ist aber nicht nur ein Erfolg der materiellen Machtmittel. Es ist ein ideologisch-moralischer Triumph. Er demonstriert, daß Claire Zachanassian mit der ihr in der kapitalistischen Welt anerzogenen zynischen Menschenverachtung von Anfang an Recht gehabt hat.« (Ebd., S. 567)

Da der Autor Claire Zachanassian nicht als Auslöserin eines Konflikts zwischen dem Kollektiv Güllen und dem Einzelnen Ill auffaßt, sondern sie in der Rolle des »kapitalistischen Machtmonopols« verabsolutiert und als direkte und einzige Gegnerin im Konflikt mit den Güllenern sieht, wird die Rolle Ills in dieser Darstellung fast völlig vernachlässigt. Sie wird lediglich als Ablenkungsmanöver von dem zentralen Konflikt zwischen Claire und den Güllenern bewertet: »Die tragikomische Illhandlung überwuchert die Satire des Monopolkapitals.« (Ebd., S. 563). In der Tat wird dieser Handlung nicht einmal die Bedeutung eines »Nebenkonflikts« zugestanden, sondern als solcher gilt – gegenüber der »satirischen Kritik des Monopolkapitals im Hauptkonflikt« – die »Darstellung der allmählichen Unterhöhlung der kleinbürgerlichen Moral der Güllener« (ebd.). Wenn am Ende noch einmal der »gelegentlich heroisch akzentuierte Versuch eines ›zeitweiligen‹ tragischen Protagonisten« erwähnt wird (ebd., S. 564), dann mit dem Zusatz: »Aber nicht nur die Resultatslosigkeit dieses Kampfes setzt den pessimistischen Akzent im Drama Dürrenmatts«. Die dominierende Kritik Kühnes an der *Alten Dame*, die er (ebd., S. 557) als Dürrenmatts »reifstes Werk« bezeichnete, ist in den folgenden Sätzen zusammengefaßt:

»Die bittere niederdrückende Aussage der Tragikomödie Dürrenmatts besteht in der *erbarmungslosen Zerstörung jeder Illusion über noch bestehende ethische Werte des Kleinbürgertums.* In der Verabsolutierung dieses Urteils spricht Dürrenmatt über diese Gesellschaftsklasse ein Verdammungsurteil, das für das Schicksal des Kleinbürgertums als Klasse in der imperialistischen Gesellschafsformation zweifellos zutrifft, die Möglichkeit seiner sozialen Differenzierung und humanistisch kämpferischer Qualitäten oder gar seiner Weiterentwicklung und positiven Aufhebung in der Klasse der Werktätigen in einer sozialistischen Gesellschaftsordnung aber ausklammert.« (Ebd., S. 562)

Damit führt die unterschiedliche Auffassung, daß die Satire auf eine Wirklichkeit zielt, »wie sie ist« (Kühne), oder vor einer Wirklichkeit warnt, die eintreten könnte (Dürrenmatt), zu einer völlig andersartigen Sicht dieser »tragischen Komödie«. Gegen die Kritik des »Verdammungsurteils« über das Kleinbürgertum wendet sich indirekt Profitlich (1977, S. 331), indem er hervorhebt, daß das Versagen der Güllener von Dürrenmatt nicht als »ein spezifisches Kleinbürgerversagen« hingestellt wird:

» – dann wäre zu erwarten, daß als eine verfremdende Kontrastgruppe Vertreter einer anderen Klasse gezeigt oder jedenfalls erwähnt würden, die statt zu versagen, zumindest Ansätze zur Bewältigung der Situation erkennen lassen –, die Beschränkung auf die Mittelstandsfiguren dient vielmehr der Vertrautheit, der Übertragbarkeit der Bühnenwirklichkeit auf die Welt des Zuschauers ›in westlichen Verhältnissen‹.«

Bereits im Jahre 1964 war in der DDR auch ein insistierendes Lob des »Humanisten« Dürrenmatt veröffentlicht worden (vgl. Jürgen Kuczynski, 1964). Kuczynskis Apologie Dürrenmatts tritt als eine Art Streitschrift gegen eine Aufführungsbesprechung der *Alten Dame* von Rainer Kerndl auf (*Dramatik ohne Blick auf die Zukunft*. In: Neues Deutschland, 2. August 1963). Über das »moralische Profil« der Handelnden hatte Kerndl geäußert: »Sie befinden sich insgesamt in einer antihumanistischen Hoffnungslosigkeit, jenseits der Chance, aus sich selbst Kräfte zum Menschlichsein zu beziehen.« Demgegenüber stellt Kuczynski eine neue Definition von Humanität auf: »Human, der Menschheit dienend, ist heute jeder, der dem Treiben der Imperialisten entgegensteht, sei es auch nur durch ihre Entlarvung, und so uns in unserem Weltkampf gegen den Imperialismus, gegen Krieg und Ausbeutung hilft.« (Kuczynski, 1964, S. 66) Besonders aufschlußreich an dieser Arbeit, die den *Besuch der alten Dame* als Entlarvung der kapitalistischen Gesellschaft und als »antiimperialistische Propaganda« (ebd., S. 60 f.) auffaßt, ohne sich auf eine Analyse von Einzelheiten einzulassen, ist das ausführliche Zitieren aus Dürrenmatts *Schillerrede* von 1959, auch der folgenden Sätze:

»Der Mensch ist nur zum Teil ein politisches Wesen, sein Schicksal wird sich nicht durch seine Politik erfüllen, sondern durch das, was jenseits der Politik liegt, was nach der Politik kommt. Hier wird er leben oder scheitern. – Der Schriftsteller kann sich nicht der Politik verschreiben. Er gehört dem ganzen Menschen. So verwandeln sich denn Schiller *und* Brecht aus unseren Richtern, die uns verurteilen, in unser Gewissen, das uns nie in Ruhe läßt.« (*Theater-Schriften*, S. 232)

Doch bedauert der Autor die Hilflosigkeit dieser Lösung und findet sie fast unglaubhaft »bei einem Menschen, der in vielem so tief sieht« und der »so manches Entscheidendes bei Brecht erkannt hat«. Kuczynski besteht hier darauf, daß Dürrenmatt in seinen Werken viel weiter gehe »als die Lösung, die er gibt. Denn seine Werke sind ganz politisch, und nichts liegt hinter der Politik, das größere Aufmerksamkeit erfordert« (Kuczynski, 1964, S. 63). Auch Profitlich (1973 a, S. 79) zitiert die obigen Sätze aus Dürrenmatts *Schillerrede,* und er findet »die Diskrepanz, die in Dürrenmatts Welt zwischen diesen beiden Bereichen [dem politischen und dem meta-politischen] besteht«, am deutlichsten in der *Alten Dame* dargestellt:

»Indem die Anklänge an das mythisch-tragische Schema den von Ill selbst als Privatangelegenheit behandelten Sühnetod zugleich in seiner potentiellen Bedeutsamkeit für das Gemeinwesen zeigen, liegt der Kontrast der beiden Dimensionen offen zutage. [...] Mit Nachdruck entfaltet [der Autor] das tragische Phänomen der Überwindung im Untergang, verleiht demselben Tod, der im ›äußeren Sinne‹ eine himmelschreiende Torheit ist, zugleich eine repräsentative ›Monumentalität‹ und stilisiert den Geopferten nicht nur zu einem ›widerlegten‹, sondern auch zu einem ›wirklichen Helden‹. Wichtigste Bedingung eines solchen Verfahrens ist eben jene Betrachtungsweise, die neben der gesellschaftlichen Dimension einen Bezirk des ›Eigenen‹ statuiert, der dem gesellschaftlichen gegenüber autonom und unangreifbar bleibt.« (Ebd., S. 79)

Es scheint also, daß die simplifizierende Fragestellung nach antikapitalistischen Tendenzen des Stückes zu kurz greift. Denn wird es im Sinne der DDR-Kritik als Satire oder Entlarvung des Kapitalismus aufgefaßt, so würde es sich in der Aussage erschöpfen: Das Finanzmonopol in der Gestalt Claires führt zur willkürlichen Verarmung, Ausbeutung und Korrumpierung der kleinen Leute. Dabei wird sowohl die Vorgeschichte ignoriert, nach der Claire selbst ein Opfer und Produkt der Habgier der »kleinen Leute« ist, als auch die der Güllenhandlung gegenläufige Illhandlung mit ihrer persönlichen Schuld- und Gerechtigkeitsethik.
Was den Güllenern schließlich zum Verhängnis gereicht, ist weniger der Monopolkapitalismus in der Gestalt Claires, als ihre kollektive Fähigkeit zur Selbstrechtfertigung und zum Selbstbetrug. Statt von einem grausamen »Schicksal« oder einer höheren Finanzmacht manipuliert zu werden, manipulieren *sie* diese Macht in eine »Wohltäterin« (S. 100) um.
Ähnlich wie der Autor in der Anmerkung zum Stück sich mit den Güllenern identifiziert und die Frage offen läßt, ob er unter denselben Umständen anders gehandelt hätte (S. 101), soll auch der Zuschauer sich vor allem diese Frage stellen.

»Dabei mutet Dürrenmatt dem Zuschauer weniger zu als Brecht, der in seiner Mahagonny-Oper angesichts einer vergleichbaren Konfiguration erklärt: ›Viele mögen die nun folgende Hinrichtung des Paul Ackermann ungern sehen; aber auch sie würden unserer Ansicht nach nicht für ihn zahlen. So groß ist die Achtung vor dem Geld in unserer Zeit.‹ Dürrenmatt ist von einer kategorischen Generalisierung wie ›Alle Menschen sind käuflich‹ weit entfernt; [...] Der Zuschauer soll ›beunruhigt‹ werden, nicht mehr. Erschüttert werden soll seine überhebliche Zuversicht, er würde im Falle der Güllener ›anders handeln‹. Nichts wäre auf seiten des Publikums wie des Interpreten verfehlter als selbstgefällige Entrüstung und hämische Genugtuung beim Aufdecken jedes neuen Zuges der Güllener Infamie; wer so reagiert, würde unbelehrt wiederholen, was die Güllener tun, wenn sie ihre Schuld auf den Sündenbock Ill ableiten.« (Profitlich, 1977, S. 332)

Es zeigt sich, daß die Fragestellung nach dem »politischen Aussagegehalt« des Stückes immer wieder auf einen Vergleich mit Brecht hinausläuft. Anhand einer Analyse der strukturellen Verbindung Aristotelischer und Nicht-Aristotelischer Elemente in diesem Stück hat E. Speidel (1974/75, S. 23) gezeigt, daß das Drama formal »eine Brechtsche Verfremdung des traditionellen Begriffs der Tragödie« darstellt, indem die Verknüpfung zwischen dem »Schicksal« und der »Welt der Sterblichen« als finanzielle Allmacht exponiert wird.

»Was in der traditionellen Tragödie hinter der sichtbaren Welt verborgen bleibt und durch die logische und zwangsläufige Entwicklung der Handlung nur zu ahnen ist, betritt hier die Bühne in der grotesken Gestalt der ›alten Dame‹, die durch den Gebrauch der enormen ihr zur Verfügung stehenden Finanzkraft demonstriert, wie der Mechanismus der Schicksalsmacht funktioniert, wenn man hinter die Kulissen schaut.« (Ebd., S. 19)

Obwohl dieses Durchschaubarmachen der Handlungsverknüpfung formal Brechts Forderung entspricht, hätte nach Speidel das, was exponiert wird, nämlich das Verhältnis zwischen Mensch und »Schicksal« ihn kaum interessiert. Doch läßt sich aus diesem Exponieren der Mechanismen einer angeblich höheren Macht, sei sie nun »Schicksal« oder »Finanzmonopol«, auf Dürrenmatts grundsätzliche Protesthaltung schließen. George E. Wellwarth beurteilt das Element des Protests bei Dürrenmatt folgendermaßen:

»Dürrenmatt deutet immer an, daß Widerstand geleistet werden muß. Nichts ist unvermeidlich und vorausbestimmt bei Dürrenmatt. Die Tatsache, daß aus kosmischer Sicht die Dinge unbedeutend erscheinen, ändert nichts daran, daß sie in der unmittelbaren Gegenwart Bedeutung haben. [...] Dürrenmatts Protest – im Gegensatz zu dem anderer zeitgenössischer avant-garde Schriftsteller – richtet sich nicht gegen den Kosmos: er richtet sich gegen die Welt wie sie ist und gegen die Menschen, die sie beherrschen.« (Wellwarth, 1962, S. 27)

Im Sinne dieser Freiheit zum Widerstand werden die Güllener für Dürrenmatt Versuchskaninchen. Obwohl die Armut bitter ist und die Versuchung groß, *sollten* sie Widerstand leisten. Wie Profitlich betont, gibt es auch bei Brecht Situationen der »Versuchung« für Bedrängte und Ausgebeutete. Doch hebt Brecht, wenn diese versagen, mehr die Ursachen hervor als das Versagen selbst. Er weist den Zuschauer »von der Missetat des Versuchten« auf den veränderungsbedürftigen Zustand der Gesellschaft.

»Dürrenmatt setzt die Akzente anders. Wo Brecht fortwährend zur Reflexion auf die konkrete Ausgangslage und die gesellschaftliche Ordnung auffordert, die diese möglich macht, behandelt Dürrenmatt das Skandalon eines Systems, in dem ein Mitglied ungestraft viele andere erst ihrer Lebensgrundlage berauben und dann auf ungeheuerliche Weise erpressen kann, höchstens als ein Nebenthema. Nicht allein die Proportionen des Stückes, schon die in der Vorgeschichte enthaltenen bizarren Unwahrscheinlichkeiten zeigen, daß dem Autor die Konstellation zwischen Güllen und der Milliardärin vor allem als Versuchsanordnung, als eine Art von Bewährungsprobe dient, von der er die Aufmerksamkeit auf die Reaktionen derer lenkt, die sich in dieser Prüfung bewähren sollen.« (Profitlich, 1977, S. 333)

Das Ergebnis dieser menschlichen Bewährungsprobe unter den sozialen Bedingungen der Armut ist dann allerdings eine »Moralität« bzw. eine unbequeme Warnung, die zu den Grundfragen einer politischen Deutung des Stückes zurückführt: Welchen Preis zahlt ein Kollektiv mehr oder weniger freiwillig für die Realisierung einer Hochkonjunktur, eines Wirtschaftswunders, einer Industrie- und Wohlstandsgesellschaft? Von welcher brüchigen, moralisch ungeklärten Voraussetzung ist die am Ende äußerlich und technisch »blitz-blanke« Welt Güllens ausgegangen?

Unter dem Titel »Wieviel kostet ein neues Paar Schuhe?« hat Jan Kott diese Fragen aufgrund mehrerer Erfahrungsbeispiele variiert und dabei die aus der jüngeren Vergangenheit und Gegenwart aufsteigende Unheimlichkeit, die das Stück für den östlichen sowie den westlichen Betrachter auslöst, hervorgehoben.

»In Dürrenmatts ›Der Besuch‹ wird auch die Rechnung beglichen. Aber ihr Preis ist ein neues Paar Schuhe für jeden Einwohner Güllens. Claires Milliarde ist in die moralische Ordnung verwickelt worden. Das ist zu viel. Deshalb ist es kein Stück über Alfred Ills Schuld und Sühne oder über Gerechtigkeit. Es ist auch kein bürgerliches Drama mit einer Moral. ›Der Besuch‹ enthält Terror, und der Terror macht das Stück modern.
[...]
Meiner Ansicht nach sind das Gift und der Terror in diesem Stück viel universaler als alle beispielhaften Anspielungen, an die sich denken läßt. ›Der Besuch‹ enthält die tiefe Überzeugung, daß man die Menschen zu jeder Tat bringen kann – und zwar ganz billig – für ein neues Paar Stiefel. Sie werden an einem Kollektivmord teilnehmen, und wenn er begangen ist, sich davon überzeugen, daß sie es im Namen von Gerechtigkeit und Idealen getan haben. Das ist *ein* moderner Aspekt des ›Besuchs‹: die Evolution einer Ideologie aus praktischen Handlungen, Ideologie um jeden Preis, nicht auf den Befehl eines anderen hin, sondern aus eigenem Willen, einfach um zu leben.
Dürrenmatts Stück liegt gewiß das Bewußtsein zugrunde, daß in den letzten dreißig Jahren ein Land nach dem andern von einer Welle des Folterns ergriffen wurde. Jedesmal werden Menschen im Namen der Gerechtigkeit und höchsten Ideale gefoltert und getötet. Und jedesmal akzeptieren es die Leute von Güllen.« (Kott, 1968, S. 91, 92 f.)

5.5 Inwiefern vollzieht sich im »Besuch der alten Dame« ein Ausverkauf humanistischer Werte?

Es hat sich bisher gezeigt, daß in dem Maße in dem das Konfliktverhältnis Claire – Ill oder Claire – Güllen im Brennpunkt der Deutung steht, die Milliardärin entweder als eine Art höheres »Schicksal« oder als »Monopolkapitalismus« hypostasiert wurde. Dabei verschob sich im ersten Fall die Rolle Güllens oft auf eine sekundäre Ebene gegenüber der Ill-Handlung, während im zweiten Fall die Ill-Handlung lediglich als Nebenthema eingeschätzt wurde. Die besondere Charakterisierung der Güllener im Stück deutet jedoch darauf hin, daß sie mehr darstellen als irgendein »Kollektiv« oder irgendeine willkürlich zusammengewürfelte Gruppe, wie etwa die Abenteurer und Gold- und Glücksucher in Brechts *Mahagonny,* und daß ihnen auch mit der Klassenbezeichnung »Kleinbürger« nicht recht beizukommen ist. Denn Güllen wird charakterisiert durch sein Selbstverständnis als »Kulturstadt«, auf die sich seine Einwohner gleich in der Eingangsszene des Stücks berufen und die bis zum feierlichen Schlußchor als Traditionskomponente ihr Verhalten wesentlich beeinflußt. In den »Randnotizen, alphabetisch geordnet«, die Dürrenmatt dem Programmheft beifügte (s. o., S. 30 f.), erklärt der Autor unter dem Stichwort »Güllener«: »Entwickeln in steigendem Maße Sinn für Ideale«. Diese ironische Charakterisierung läßt auf einen sich vollziehenden Pervertierungsprozeß des »Ideal«-Begriffs der Güllener schließen. Die Kehrseite zur »Komödie der Hochkonjunktur« erweist sich daher als die Komödie abendländischer Werte, denn sowohl die Überlieferung des Idealismus wie diejenige des Christentums haben von je her materiellen Wohlstand geistigen Gütern untergeordnet.

Eine Deutung der »Alten Dame« als (tragische) Komödie des Humanismus kann sich sowohl auf inhaltliche wie auf formale Aspekte des Stücks berufen. Bereits in der ersten Szene erfolgt in rhetorischer Dialogform der Hinweis: »Dabei waren wir eine Kulturstadt./ Eine der ersten im Lande. / In Europa./ Goethe hat hier übernachtet. Im Gasthof zum Goldenen Apostel./ Brahms hat ein Quartett komponiert. (Glockenton)/ Berthold Schwarz das Pulver erfunden./ Und ich habe mit Glanz die Ecole des Beaux Arts besucht, doch was treibe ich jetzt? Inschriftenmalerei!« (S. 10) Die Übernachtung Goethes und das Quartett von Brahms wird später (S. 52 und S. 83) leitmotivisch wiederholt. Es ist, als beriefen sich die Güllener auf die Vergangenheit ihrer Stadt, um ihre gegenwärtige Misere als ungerechte Beleidigung auszuweisen.

In der folgenden Szene im »Goldenen Apostel« enthält bereits die Bühnenanweisung einige Hinweise auf das Gefälle zwischen einst und jetzt: »Untergegangener Luxus. Alles verschlissen, verstaubt, zerbrochen, verstunken, vermodert, der Gips abgebröckelt.« (S. 23) Die »vergoldete ehrwürdige Apostelfigur«, welche als »Emblem« in der Mitte des Raumes schwebt (ähnlich dem Andromedanebel in »Ein Engel kommt nach Babylon«) gemahnt nicht nur an einen »goldenen Boten«, sondern stellt auch die unerläßliche christliche Komponente der bürgerlich-humanistischen Bildungstradition dar. Ähnliches gilt vom Münster mit gotischem Portal und zwei Sternen im Fremdenführer sowie von der Vertrautheit des gemischten Chores mit Teilen aus der Matthäuspassion (S. 66).

Als die wichtigsten Exponenten der humanistischen Bildungstradition erscheinen jedoch der Pfarrer, Lehrer und Arzt des Städtchens. Über die Rolle des Arztes und Pfarrers gehen die Meinungen auseinander. D. G. Daviau und H. I. Dunkle (1974, S. 310), halten den Pfarrer für den schwächsten der drei Akademiker und sein Rat: »Flieh! Wir sind schwach, Christen und Heiden. […] Flieh, führe uns nicht in Versuchung, indem du bleibst.« (S. 57) solle weniger Ills Leben retten als die Stadt vor dem Verbrechen, das er schon voraussehe. Nach Profitlich (1977, S. 330) durchbricht der Pfarrer »die allgemeine Wirklichkeitsleugnung nur für einen kurzen Augenblick«, und auch der Arzt fällt, nach dem mit dem Lehrer unternommenen Versuch, durch ein »Geschäft« statt durch einen Mord in den Besitz von Claires Geld zu kommen, »bald in die allgemeine Gedankenlosigkeit zurück«. Daviau/Dunkle (1974, S. 310) finden den Arzt »sichtlich betroffen als irgend jemand von Claires Vorschlag, er solle in Zukunft auf den Totenscheinen Herzschlag feststellen«. Er fasse ihre Bemerkungen nie als Späße auf, und er habe genügend Geist, ihr zu sagen, daß die Zerstörung der Ökonomie Güllens »ungeheuerlich« sei. Übereinstimmend wird jedoch der Lehrer als »überlegen« (Profitlich) und als »zentrale Figur« (Daviau/Dunkle) unter den Vertretern Güllens angesehen.

Die Überlegenheit des Lehrers, die Tatsache, daß er das Drohend-Unheimliche dessen, was auf dem Spiel steht, besser durchschaut als die andern, zeigt sich im ersten Akt an seinen oft zitierten Vergleichen der Zachanassian mit einer griechischen Schicksalsgöttin, einer Parze, einer Klotho, der man es noch zutraut, »daß sie Lebensfäden spinnt« (S. 24), einer Lais usw. Die Brüchigkeit dieser Vergleiche bzw. ihre satirische Qualität erweist sich jedoch erst am Ende des Dramas in vollem Ausmaß. Vorher wehrt sich gerade der Lehrer mit größter Intensität dagegen, den schönen Schein seiner klassisch-humanistischen Weltanschauung preiszugeben. Erst im dritten Akt, in der Gegenüberstellung von Lehrer und Arzt mit Claire Zachanassian, für die jegliche »Ideale« ihre Verbindlichkeit verloren haben, seit sie frierend und schwanger aus ihrer Heimatstadt vertrieben wurde, erfolgt die Entlarvung des Scheinwertes der humanistischen Argumente. Nachdem Claire die »abendländischen Prinzipien«, die an der Verschuldung der Güllener nichts ändern konnten (S. 67), gleich zu Anfang des Gesprächs in Frage gestellt hat (ähnlich wie sie in beiden Gesprächen mit Ill auf den pervertierten »Sinn für Ideale« hinweist, S. 26, S. 85), erweisen sich – noch ehe der Satz fällt von der »Menschlichkeit«, die »für die Börse der Millionäre geschaffen« ist (S. 69) – die Worte des Lehrers, sein ausgeleierter Medea-Vergleich, seine Bezeichnung des Wohlstands als »würdigeres Leben« und seine Aufforderung, »Ringen Sie sich zur reinen Menschlichkeit durch!« (S. 68) als hohle Phrasen, die nicht ins Gewicht fallen können, weil sie lediglich beabsichtigen, das Verhalten der Gegenpartei im gewünschten Sinne zu beeinflussen, ohne als Maßstab für eigenes Versagen zu gelten.

Wenn der Lehrer am Ende dieser Szene auf die verzweifelte Frage des Arztes, was man tun solle, erwidert: »Was uns das Gewissen vorschreibt, Doktor Nüßlin« (S. 69), so wird hier auch die Konzeption eines angeblich unfehlbaren persönlichen »Gewissens« als ethisches Kriterium in Frage gestellt. Denn nichts läßt sich leichter in die gewünschte Richtung biegen als dieser zweifelhafte Maßstab. Folgerichtig wird in der Gemeindeabstimmung des dritten Aktes Ill zum Tode verurteilt »Nicht des Geldes,/ Sondern der Gerechtigkeit wegen./ Und aus Gewissensnot./ Denn wir können nicht leben, wenn wir ein Verbrechen unter uns dulden.« (S. 93)

Die totale Demontage seines Ideals der Menschlichkeit leistet der Lehrer selbst zunächst noch in der Ladenszene des dritten Akts durch seine demonstrative Betrunkenheit. Dennoch gelingt es ihm, sich noch einmal zur Nüchternheit und damit zu einem »moment of truth« durchzuringen: »Ich fühle, wie ich langsam zu einem Mörder werde. Mein Glaube an die Humanität ist machtlos.« (S. 78) Durch dieses momentane Bewußtwerden der Fadenscheinigkeit seiner sogenannten »abendländischen Prinzipien« (S. 66) wird der Lehrer – im Gegensatz zu den übrigen Güllenern – vorübergehend eine tragische Figur.

An dieser Stelle wäre nun zu fragen, warum der Autor die sogenannten »Humanitätsideale« oder die abendländische Auffassung von »Menschlichkeit« in Frage stellt. Warum setzt er sie diesem Spiel mit der »Börse« und »Weltordnung« der Millionäre aus? Die Forschung gibt hierauf verschiedene Antworten.

Daviau/Dunkle (1974) sehen in dem Stück »eine Parabel der abendländischen Gesellschaft im Zustand des Übergangs«. Hier wird das Stück als Vorausschau auf eine zukünftige Gesellschaft, d. h. als »negative Utopie« (im Sinne von George Orwells *1984* oder Karl Kraus' *Die letzten Tage der Menschheit*) aufgefaßt und insofern als eine »Parabel« mit warnender, d. h. moralischer Absicht. *Der Besuch der alten Dame* demonstriere, »wie eine grundsätzliche Veränderung gesellschaftlicher Werte durch Konsens zustande kommen kann, eine Veränderung, welche imstande ist, die moralischen Grundlagen der abendländischen Kultur und die eigentliche Qualität zivilisierten Daseins umzuformen« (Daviau/Dunkle, 1974, S. 303). Claire bringt eine neue Definition von »Anständigkeit« nach Güllen, wenn sie darauf besteht: »Anständig ist nur, wer zahlt, und ich zahle.« (S. 69) Die volle Bedeutung dieses Satzes erschließt sich aus einem Gespräch zu Beginn des Stückes, in dem Bürgermeister und Pfarrer in der Millionärin ihre einzige Hoffnung sehen, außer Gott, »Aber der zahlt nicht« (S. 12). Nach Claires Definition wäre also auch Gott nicht länger »anständig«.

Die allmähliche Gesinnungsänderung der Güllener von der anfänglichen Ablehnung der an das Geld geknüpften Bedingung bis zu ihrer einstimmigen Annahme illustriert die Möglichkeit, daß »das zeitgenössische Streben nach materiellem Wohlstand und äußerer Bequemlichkeit ethische und moralische Bedenken ausmerzen könnte, bis sie aus dem kollektiven Bewußtsein verschwinden« (Daviau/Dunkle, 1974, S. 307). Die in der Bühnenanweisung der letzten Szene zusammengefaßte allmähliche Entwicklung von der »einst grauen Welt«, die sich »in etwas technisch Blitzblankes, in Reichtum verwandelt«, zeige »Dürrenmatts Absicht, den Übergang im Verlauf des Spiels unmerklich zu gestalten, so daß die letzte Szene eine Art Überraschung auslöst«; Dürrenmatts Erwartung, daß dieses Ende die Zuschauer schockieren werde, spreche dafür, »daß er ein mögliches aber nicht unvermeidliches Ergebnis gegenwärtiger Tendenzen projiziert« (ebd., S. 309). Es wird u. a. hervorgehoben, daß die Güllener am Ende Claire gegenüber keinerlei Ressentiment empfinden für die wirtschaftliche Zerstörung ihrer Stadt, nur Dankbarkeit für die Infusion des Geldes zum Wiederaufbau. Offen bleibt, ob die einzige Zeile des Lehrers im Schlußchor: »Lernbegierig lernen die Lernbegierigen« (S. 99) eine »neue Doktrin« andeuten soll und ob der Lehrer sich hier selbst miteinbezieht. Ebenso bleibt die Frage offen, ob die Gemeinde für ihre Tat büßen werde, d. h. ob der Lehrer recht hatte, als er davon sprach, »daß auch zu uns einmal eine alte Dame kommen wird« (S. 78), oder ob er hier im Sinne einer überlebten Tradition sprach, die nicht länger zutrifft. Doch zeige das Stück überzeugend,

»daß solche traditionellen Ausgleichsmittel wie Zivilregierung, Polizei, Kirche und pädagogische Institutionen keine Gewähr mehr bieten für die Aufrechterhaltung humanitärer Werte, daß sie vielmehr alle imstande sind, das materialistische Kredo zu unterschreiben. Dürrenmatt pocht nicht darauf, daß unsere gegenwärtige Gesellschaft auf jeden Fall dem Trend mit Hilfe all dieser Institutionen folgt. Er projiziert lediglich eine Schreckensvision davon, wie die abendländische Gesellschaft aussehen könnte, wenn keine Änderung ihres gegenwärtig angesteuerten Kurses stattfindet.« (Daviau/Dunkle, 1974, S. 316)

Eine andere Antwort auf die Frage, warum der Autor hier den Konflikt zwischen »Geldanständigkeit« und der Tradition der »abendländischen Prinzipien« in zugespitzter Form aufzeigt, findet sich bei Profitlich (1977, S. 336):

»Dürrenmatt zeigt die ›abendländischen Prinzipien‹ als wirkungslos in einem vieltausendköpfigen Kollektiv, ohne etwas an ihre Stelle zu setzen, das wirkungsvoller wäre oder eine größere Verbindlichkeit besäße; die so wenig zuverlässigen ›Ideale‹ [...] bleiben im Werk Dürrenmatts in ihrer Geltung unangetastet.«

Gerade weil der Autor letztlich nichts anderes an die Stelle dieser abendländischen Prinzipien zu setzen hat, versucht er den Mißbrauch aufzuzeigen, der in ihrem Namen getrieben wird. Denn als Scheinwert oder Deckmantel des Gewissens etwa, gestatten diese »Ideale« genau das verbrecherische Tun, gegen das sie gerichtet sind. Dies trifft nicht nur für den Lehrer, sondern für die Güllener generell zu, obwohl sie sich als Kollektiv ihrer Scheinheiligkeit kaum bewußt werden, als sie dafür stimmen, daß sie »reinen Herzens die Gerechtigkeit verwirklichen« wollen (S. 93). Nach der Analyse Profitlichs werden die Güllener »Meister des Selbstbetrugs«, die sich dennoch durch Nichtgebrauch des Verstandes und der Phantasie als Narren erweisen:

»Die Schuld der Güllener ist freilich besonderer Art – nicht die klare eindeutige Schuld, die sich an Taten knüpft, die im vollen Bewußtsein ihrer Unvereinbarkeit mit geltenden Normen begangen werden. [...] Bedingung ihrer Tat ist ja vielmehr, daß sie sich eines Unrechtsbewußtseins gründlich zu entledigen wissen. Ihre Schuld beginnt mit ›Leichtsinn‹, mit einem willentlichen Nichtdarandenken, das später zu immer bedenklicheren Verdrehungen führt, auf deren Höhepunkt die Güllener in der Tat nicht mehr wissen, was sie tun. [...] Dürrenmatt [jedoch] besteht auf der Freiheit, mag auch die Spanne kurz sein, in der die Güllener, die Meister des Selbstbetrugs, Gebrauch von ihr machen können: ›In meinen Geschichten hat sogar der Mörder noch die Freiheit, sein Verbrechen zu begehen.‹
[...] Zum Versagen ihrer moralischen Urteilskraft tritt der Nichtgebrauch des Verstandes und der Phantasie, das [...] Motiv der ›Ahnungslosigkeit‹. ›Ahnungslos‹ handeln die Güllener [...], indem sie ignorieren, daß die Konstellation, die mit Ills Ermordung endet, sich wiederholen wird und daß sie dann nicht mehr Nutznießer, sondern Opfer sein werden. [...] Was die Güllener gewinnen, hat einen zu hohen Preis, der ihr Tun zur ›Narrheit‹ macht; auch die ›Alte Dame‹ zeigt die ›Notwendigkeit, gerecht zu sein‹, gleichermaßen als ein Gebot des Gewissens und eines der Selbsterhaltung.« (Profitlich, 1977, S. 334, 335)

Die Gestalt des Güllener Lehrers jedoch steht für die Erfahrung, »daß Kultiviertheit, statt gegen Barbarei des Handelns zu immunisieren, nur Raffinement und Subtilität der Rechtfertigungsstrategien steigert« (ebd., S. 331).

Eine die Analyse Profitlichs »überbietende Interpretation« wird neuerdings von Gerd Labroisse unter dem Titel *Die Alibisierung des Handelns in Dürrenmatts ›Der Besuch der alten Dame‹* (1981) vorgelegt. Hier wird zunächst eine stärkere Beachtung der Prozeßszene am Ende des ersten Aktes gefordert: »Diese Szene liefert für eine Untersuchung des Verhaltens der Güllener im Ablauf des Werkgeschehens Einsichten in Zusammenhänge und Strategien, [...] die die bei Profitlich offengebliebenen Fragen [...] zu beantworten bzw. zu beseitigen vermögen«. Durch die im Stück erfolgende Ideologisierung, »nämlich die Herausstellung von Gerechtigkeit als Fundamentalwert, als elementare Basis und ausschließliche Handlungsnorm, damit als Wert vor allen anderen Werten und Idealen, wird das daraufhin erfolgende Handeln ›alibisiert‹, d. h. gilt es für den Handelnden als gerechtfertigt. [...] Die Alibisierung des Handelns gegen Ill erfolgt durch das geltende Wertsystem selbst: die Ideologisierung deckt den Verstoß gegen einen anderen Wert bzw. setzt bestimmte Normen außer Kraft (hier: Wert der Lebenserhaltung/ Verbot der Menschentötung).« Wie auch bei Ill eine »Alibisierung des eigenen Handelns« erfolgt war, als er »das für ihn Beste auf Kosten eines anderen durchzusetzen versuchte« hatte, ist das »sich später im Kreis der Güllener Vollziehende lediglich der ins Öffentliche transponierte [...] vergleichbare Vorgang.« Im zweiten Teil dieser Arbeit wird der Modellcharakter des Stücks hervorgehoben, aufgrund dessen seine kritischen gesellschaftlich-politischen Implikationen nicht in einem direkten Wirklichkeitsbezug »festgemacht« werden. Vielmehr bietet dieser vereinfachende Modellcharakter dem Zuschauer/Rezipienten die Möglichkeit, »sich den verbreiteten Gebrauch von Alibisierungsstrategien im gesellschaftlich-politischen Bereich bewußt zu machen, sie überhaupt als solche zu erkennen«.
Die hier verwendeten termini der »Ideologisierung« bzw. der »Alibisierung« ermöglichen eine objektivere Einschätzung der sich im Bewußtsein und der Tat der Güllener vollziehenden Rechtfertigungsstrategien als der bisher in diesem Zusammenhang verwendete Ausdruck der »Rationalisierung«. (*Facetten*, 1981, S. 207–223)

Das Auseinanderklaffen von Sein und Schein, von Empirie und ihrer theatralischen Verblendung *im Namen* der klassizistischen Tradition könnte nicht augenfälliger demonstriert werden als durch die Placierung der klimaktischen Gerichts- und Hinrichtungsszene auf die Theaterbühne des Städtchens unter die Inschrift: »Ernst ist das Leben, heiter die Kunst« (S. 89). Die potenzierte Ironie besteht jedoch darin, daß der Autor gerade durch die komödienhaft entlarvende Darstellung dieser Vorgänge das Schillerzitat in einem neuen Sinne rechtfertigt.
Ähnliches trifft auf die finale parodistische Verwendung des Chores aus der Sophokleischen *Antigone* zu: »Viel Ungeheures ist, doch nichts / So Ungeheures wie der Mensch«. Bei Sophokles war dieser Chor »ein Preisgesang auf den zu seiner Selbstbestimmung findenden Menschen, der Meer und Land erkundet hat, als Fischer, Bauer und Jäger über die Natur triumphiert, Städte begründete und sich in der Sprache reflektiert, selbst Krankheiten zu widerstehen vermag und nur vor dem Tod keinen Ausweg weiß« (Durzak, 1976, S. 87). Der Chor diente dort als antithetischer Kommentar zu Antigones Konflikt zwischen dem Gehorsam dem (religiös sanktionierten) Staat, d. h. Kreon gegenüber, und der Forderung ihres persönlichen Gewissens, ihren Bruder zu bestatten. Indem sie der letzteren folgt, verfällt sie der Todesstrafe. Nach Durzak (ebd.) verdeutlicht das Sophokleische Chorlied »die Autonomie des einzelnen, die individuelle Selbstbestimmung des Menschen, auch im Sinne von moralischer Entscheidungsfreiheit«.

Dem steht in der klassischen Tragödie »die Anerkennung eines göttlichen Ratschlusses, eines Schicksals, eines Absoluten« gegenüber.

Bei Dürrenmatt bringt der Chor nicht mehr den Preisgesang auf den sich alles unterjochenden Menschen, sondern die Unterjochung des Menschen durch das Schreckbild verschiedener Natur- und Kriegskatastrophen, als deren schrecklichstes die materielle Armut, der ökonomische Ruin geschildert wird, aus der sich die Menschheit nicht zu moralischer Selbstbestimmung aufschwingt sondern in ein Wohlstandsparadies als allein seligmachenden Zustand hinabsinkt.

»Hinter diesem freundlichen Geschick [erscheint] kein Schicksal mehr, kein unerforschlicher Ratschluß der Götter, sondern ganz äußerlich und veräußerlicht die eine Milliarde der Claire Zachanassian, der Mord an Ill. Die Gesetze, die das soziale Leben und das moralische Verhalten des einzelnen bestimmen, haben nichts mehr miteinander zu tun. [...] Wo die reinigende Wirkung der tragischen Katastrophe [durch jenes metaphysische Regelsystem, das ihr Sinn verlieh] das moralische Bewußtsein wiederherzustellen vermochte, klafft bei Dürrenmatt eine nicht auszufüllende Lücke, der Blick in einen Abgrund der Wirklichkeit.« (Durzak, 1976, S. 89f.)

Da Dürrenmatt in der Bühnenanweisung zu dieser letzten Szene die Verwendung der zwei Chöre, »denen der griechischen Tragödie angenähert«, als »nicht zufällig« bezeichnet, sondern als »Standortbestimmung, als gäbe ein havariertes Schiff, weit abgetrieben, die letzten Signale« (S. 98), wäre zu fragen, ob er mit diesem Hinweis nicht gleichsam zur Rettung dieses Schiffes auffordert.

5.6 Ill als Beispiel des »mutigen Menschen«

Dem Gegensatz in der Bezeichnung des Stückes als »tragische Komödie« entspricht die Gegenläufigkeit in der Entwicklung seiner Haupthandlung und ihrer Protagonisten: der Stadt Güllen einerseits und des Individuums Alfred Ill andererseits. (Die Besucherin Claire ist in diesem Zusammenhang nur die den Konflikt auslösende, selbst statische Kraft.) Die Rolle der Güllener als Narren, die mit der momentanen Ausnahme des Lehrers und Pfarrers nie zur eigentlichen Bewußtheit ihres Tuns durchdringen, erfüllt den Komödienanspruch des Stückes. In dem »Welt-Happy-end« des letzten Aktes wird die Stadt aus ihrer anfangs peinlichen Lage aufs glänzendste rehabilitiert. Statt Goethe und Brahms bezeugt zwar jetzt die Medienwelt die besondere Auszeichnung und demokratische Tradition Güllens, doch sind alle mit sich und der Welt ausgesöhnt, und die märchenhaften Erwartungen, die man an den Besuch der alten Dame geknüpft hatte, sind zu allseitiger Zufriedenheit realisiert worden. Die Güllener haben den Weg aus Armut und Ungerechtigkeit zur Verwirklichung von Gerechtigkeit, Wohlstand und Wohlanstand scheinbar ohne allzu große Verluste gefunden. – Nach den dramaturgischen Begriffen Dürrenmatts ist mit dieser Wendung in die Komödie »die schlimmstmögliche Wendung« eingetreten, »die eine Geschichte nehmen kann« (vgl. oben, Kap. 1.1).

Auch Ill ist ein Güllener mit den gleichen Interessen wie die übrigen. Doch will es sein Unglück, daß durch den Besuch der alten Dame seine Existenz plötzlich eine Milliarde wert ist. Er wird von einer gerechtfertigten Angst um sein Leben erfaßt, und diese Angst läßt ihm etwas »höchst Persönliches« aufgehen (S. 102), d. h. sie führt zur Bewußtwerdung seiner selbst. Die Wege Güllens und Ills trennen sich hier. Durch Todesangst und Ausweglosigkeit zu einer existentiellen Erfahrung getrieben, macht Ill eine Wandlung durch, er nimmt Schuld und Sühne für sich selbst als »Gerechtigkeit« in Anspruch, nimmt auch dort keine Rettung an, wo sie sich bietet (als der Lehrer im Begriff ist, die Presse einzuweihen), und gibt so stillschweigendes Einverständnis zu seiner Hinrichtung, ohne jedoch die Güllener von ihrem zweifelhaften Richteramt zu dispensieren. »Die Tragödie setzt Schuld, Not, Maß, Übersicht, Verantwortung voraus«, hatte Dürrenmatt in den *Theaterproblemen* (*Theater-Schriften*, S. 122) geschrieben, und genau diese Voraussetzungen werden in Ills Entwicklung zum »Helden« (Anmerkung, S. 102) erfüllt. Damit wird durch die Komponente der Ill-Handlung aus der Komödie eine »tragische Komödie«. Obwohl der Autor in der Anmerkung zum Stück Ill lediglich als »Helden« bezeichnet, scheint auch der Dürrenmattsche Begriff des »mutigen Menschen« auf ihn zuzutreffen, wie er in den *Theaterproblemen* beschrieben wird:

»Nun liegt der Schluß nahe, die Komödie sei der Ausdruck der Verzweiflung, doch ist dieser Schluß nicht zwingend. Gewiß, wer das Sinnlose, das Hoffnungslose dieser Welt sieht, kann verzweifeln, doch ist diese Verzweiflung nicht eine Folge dieser Welt, sondern eine Antwort, die er auf diese Welt gibt, und eine andere Antwort wäre sein Nichtverzweifeln, sein Entschluß etwa, die Welt zu bestehen, in der wir oft leben wie Gulliver unter den Riesen. Auch der nimmt Distanz, auch der tritt einen Schritt zurück, der seinen Gegner einschätzen will, der sich bereit macht, mit ihm zu kämpfen oder ihm zu entgehen. Es ist immer noch möglich, den mutigen Menschen zu zeigen. Dies ist denn auch eines meiner Hauptanliegen. Der Blinde, Romulus, Übelohe, Akki sind mutige Menschen. Die verlorene Weltordnung wird in ihrer Brust wieder hergestellt, das Allgemeine entgeht meinem Zugriff.« (*Theater-Schriften*, S. 123)

Diese Sätze wurden 1954 geschrieben, die *Alte Dame* entstand 1955, und noch in einem Vortrag aus dem Jahr 1956, *Vom Sinn der Dichtung in unserer Zeit* (*Theater-Schriften*, S. 63) erklärt der Autor: »Die Chance liegt allein noch beim einzelnen. Der einzelne hat die Welt zu bestehen. Von ihm aus ist alles wieder zu gewinnen. Nur von ihm, das ist seine grausame Einschränkung.«
Aufgrund eines Erkenntnisaktes vermag also das Individuum für sich selbst eine Art Widerstand gegen das ethische Chaos dieser Welt zu leisten, doch ist dieser Akt nicht auf das »Allgemeine«, in diesem Fall das Kollektiv Güllen, übertragbar; und im Falle Ills erweist sich gerade dies zum ersten Mal in Dürrenmatts Werk als die »grausame Einschränkung« des »mutigen Menschen«: Ills Tod ist »sinnvoll und sinnlos zugleich« (S. 102).
Ill als Beispiel des »mutigen Menschen« erweist sich als eine letztlich unbefriedigende tragische Enklave in der vorherrschenden Komödienstruktur des Güllener Welttheaters. Dieser »mutige Mensch« stellt eine durchaus paradoxe Erschei-

nung dar, denn was ihn auszeichnet, ist eigentlich weniger sein Mut als seine Angst. Diese Angst, die für Ill als meßbare Größe an den Gegenständen klebt, die sich die Güllener auf Kredit anschaffen (vgl. Randnotizen, oben S. 30), treibt ihn nicht nur wie ein gehetztes Tier über die verschiedenen Hilfegesuche des zweiten Akts in die Paralyse der Bahnhofsszene und das Mißlingen seines Fluchtversuchs mit der Erkenntnis: »Ich bin verloren!« (S. 61), sie zeigt sich auch noch nach seiner Wandlung. Denn er geht nicht etwa »mutig« oder von sich aus in die Gasse der Güllener, sondern er »zögert« wiederholt (S. 96), muß immer wieder aufgefordert werden und antwortet noch auf die Frage des Pfarrers: »Sie fürchten sich nicht?«, »Nicht mehr sehr« (S. 96). Sein Entschluß, nicht mehr zu kämpfen, weil er kein Recht mehr habe, beruht letzten Endes auf einer übertriebenen Einschätzung seiner Schuld, ohne juridische oder moralische Verbindlichkeit, die in dieser Form auf alle Güllener anwendbar wäre: »Ich habe Klara zu dem gemacht, was sie ist, und mich zu dem, was ich bin, ein verschmierter windiger Krämer. [...] Alles ist meine Tat, die Eunuchen, der Butler, der Sarg, die Milliarde.« (S. 77) »Schuld [Voraussetzung der Tragödie] gibt es nur noch als persönliche Leistung, als religiöse Tat« hatte Dürrenmatt in den *Theaterproblemen* (*TheaterSchriften*, S. 122) erklärt, und als solche wird sie von Ill »mutig« vollbracht. Bei seinem letzten Treffen mit Klara scheint von seinem neuerworbenen »Mut zur Schuld«, seiner neuen Ehrlichkeit der Vergangenheit gegenüber, die ihn zum ersten Mal nach dem gemeinsamen Kind fragen läßt, sogar etwas auf Klara abzufärben, wenn sie bekennt: »Meine Liebe konnte nicht sterben. Aber auch nicht leben. Sie ist etwas Böses geworden wie ich selber, wie die bleichen Pilze und die blinden Wurzelgesichter in diesem Wald, überwuchert von meinen goldenen Milliarden. [...]« (S. 88)

(In der »Neufassung 1980« hat der Autor diese Stelle geändert; hier findet Claire keine Distanz mehr zu ihrem monomanischen Verhalten: »Ich liebte dich. Du hast mich verraten. Doch den Traum von Leben, von Liebe, von Vertrauen, diesen einst wirklichen Traum habe ich nicht vergessen. Ich will ihn wieder errichten mit meinen Milliarden, die Vergangenheit ändern, indem ich dich vernichte.« [Ebd., S. 117])

Ills Tod, indem er »sinnvoll« nur für ihn selbst bleibt, bringt nicht die kathartische Wirkung des Heldentodes im aristotelischen Drama hervor. Sein Heldentum, das wesentlich in seinem Nichtverzweifeln besteht, wird in der Anmerkung (S. 102) mit demjenigen Claire Zachanassians verglichen. Es stellt eine mögliche, ehrliche und egozentrische Antwort auf die Situation der Auswegslosigkeit und Verzweiflung dar, die darauf verzichtet, die Ideale der Humanität als Vorwände zu bemühen. Ills angsterzeugte Bewußtheit, sein Durchschauen der Verhältnisse, das sich hier buchstäblich in einem »Distanz-Nehmen« (am Anfang des dritten Aktes) äußert, um »seinen Gegner einzuschätzen«, genügt zwar dem Autor, um ihn als »Helden« zu bezeichnen. Dennoch zeigt seine Rolle im übergreifenden Zusammenhang der Komödie,

»wie Heldentum und Opfertod auf Bedingungen angewiesen sind, die jenseits des Helden in der umgebenden Gesellschaft liegen: Ills Tod, der Regenerationsopfer für die Gemeinschaft sein könnte, verkümmert zur Privatangelegenheit, indem die Mitwelt das unentbehrliche Pendant des Heldentums, eine der Gesinnung des Helden korrespondierende Bewußtseinsbeschaffenheit, vermissen läßt. An die Stelle der Reinigung der Polis, die als idealisierte, in mythische Ferne projizierte Folie durchscheint, tritt in Güllen die Befleckung, an die Stelle der Erneuerung die Fortführung der altgewohnten ›Wurstelei‹.« (Profitlich, 1977, S. 339)

Werk-chronologisch gesehen steht die Erscheinung Ills als eines »mutigen Menschen« bereits am Übergang zu einer neuen Phase in Dürrenmatts Dramen, in der auch der »mutige Mensch« als partielle Lösung des Konfliktes abgelehnt wird. Dies zeigt sich bereits in der Komödie *Die Physiker* (1962), wo der Mut des Möbius, durch ein persönliches Opfer lösen zu wollen, »was alle angeht«, ihn nicht nur zur lebenslänglichen Narrenrolle verurteilt, sondern genau das Gegenteil von dem bewirkt, was er bewirken wollte.

Nach Profitlich (1973a, S. 103) »kulminieren« die frühen Werke Dürrenmatts (darunter *Es steht geschrieben, Der Blinde, Die Ehe des Herrn Mississippi, Ein Engel kommt nach Babylon*) »in der Entfaltung des erbaulichen Elementes«. Sie enden damit, daß die Helden »sich durch eine religiös-ethische Sinngebung, durch Überwindung der Verzweiflung, über ihr Desaster erheben« und das letzte Wort haben. Dagegen zeigt im Aufbau des *Besuchs der alten Dame* die Anordnung der »sinnvollen und sinnlosen« Aspekte von Ills Tod, daß der Akzent weniger auf dem Sinn als auf der Sinnlosigkeit liegt. Der Triumph der Güllener am Ende bestätigt die soziale Vergeblichkeit von Ills Tod.

»So gewiß in der ›Alten Dame‹ der ›Sinn‹ der Sühnetat des Helden außer Frage steht, so deutlich wird er doch – das ist geradezu das Thema des Stückes – in seiner Begrenztheit gezeigt, als bezogen ausschließlich auf die sogenannte ›Welt des Einzelnen‹. [...] Ist das Thema des Dichters ›die Gegenwart‹, kann er als Ausklang seines Werkes nicht die Opfertat des isolierten einzelnen wählen, sondern nur deren grelles Gegenstück, den Triumph der Verblendung der Überlebenden und Weiterwurstelnden. Der Vorgang muß zur ›Komödie‹ fortentwickelt werden, zur demonstrativen Anti-Tragödie, gekrönt durch die blasphemische Adaption des Antigone-Chorliedes, die [...] dem Zuschauer die naive Identifikation und Erbauung vergehen macht.« (Ebd., S. 104f.)

5.7 Die Frage nach der Gerechtigkeit

Im *Werkstattgespräch* von 1962 (S. 128) bemerkt Dürrenmatt einmal hinsichtlich seiner Oper *Frank V*: »Überhaupt ist die Freiheit das eigentliche Problem des Stückes, und nicht die Gerechtigkeit wie in der ›Alten Dame‹.« Eine solche Äußerung des Autors muß aus mehreren Gründen überraschen. Einmal, weil er sich sonst prinzipiell dagegen wehrt, seine »Stoffe« oder erfundenen »Eigenwelten« auf den Nenner irgendeines »Problems« zu bringen; so etwa in der *Standortbestimmung zu ›Frank V‹*, wo es heißt: »Nun begeht der Regisseur (oder der Kritiker) oft den Fehler, zu glauben, der Dramatiker müsse immer vom Problem ausgehen. Das ist ein ebenso wildes Vorurteil wie etwa jenes, in einem Theaterstück hätten sich die Personen zu ›entwickeln‹. Der Dramatiker kann von Stoffen ausgehen, die Probleme enthalten. Das ist ein Unterschied.« (*Theater-Schriften*, S. 187) An anderer Stelle schreibt Dürrenmatt: »Der Dramatiker hat nicht ein Problem zu lösen, sondern seine Geschichte zu Ende zu denken.« (Ebd., S. 208) Überdies hatte der Autor auch in der Anmerkung zur *Alten Dame* (S. 102) davor gewarnt, Claire Zachanassian etwa als Allegorie der Gerechtigkeit oder irgendeines anderen Abstraktums aufzufassen. Schließlich überrascht obige Bemerkung, weil das »Problem der Gerechtigkeit« bzw. die Frage nach einer möglichen Gerechtigkeit nicht etwa nur in der *Alten Dame* vorliegt, sondern das gesamte oeuvre des Autors durchzieht, um im *Monstervortrag über Gerechtigkeit und Recht* (1969) auch auf die »politische Bühne« übertragen zu werden. In bezug auf die Fragestellung nach individuellem Recht und öffentlicher Gerechtigkeit und dem ganzen dazugehörigen Motivkomplex von Gesetz, Gericht, Prozeß, Urteil, Hinrichtung, Richter und Henker steht Dürrenmatt eindeutig in der Nachfolge Kleists und Kafkas, zu dessen »Stammbaum« gehörig er sich einmal bezeichnet (vgl. *Dramaturgie des Labyrinths*, in: *Text + Kritik 56*, 1977, S. 1).

Die Frage, die sich aus dem Nachweis der im Werk Dürrenmatts vorherrschenden Gerechtigkeitsthematik in bezug auf die *Alte Dame* ergibt, heißt also: Inwiefern geht es in diesem Stück in einem besonderen und hervorragenden Sinne um das Problem der Gerechtigkeit, so daß der Autor selbst es als das eigentliche Problem des Stücks bezeichnen konnte? Ein kurzer Blick auf die Gerechtigkeitsaspekte, die in den vorausgehenden Dramen Dürrenmatts eine Rolle spielten, kann aufzeigen, in welcher Weise diese Thematik in der *Alten Dame* verändert und zugespitzt wird.

In einer Skizzierung des Themas *Recht versus Gerechtigkeit* in den Texten von 1947 bis 1967 (Mona und Gerhard P. Knapp, in: *Text + Kritik 56*, 1977, S. 23–30) zeigt sich u. a., daß im Frühwerk, *Es steht geschrieben*, *Der Blinde* usw. der gequälte Mensch einer Gerechtigkeit ausgesetzt ist, die vom menschlichen Gerechtigkeitsdenken qualitativ verschieden, sich hinter einer undurchschaubaren Dialektik von Grausamkeit und Gnade verbirgt. Dagegen läßt sich schon *Romulus der Große*, ein vereitelter Richter und Hinrichter des römischen Reiches, am Ende als »mutiger Mensch« demütig pensionieren. Ein konsequenter Versuch, die »Gerechtigkeit des Himmels« in der Form einer mosaischen Gesetzgebung, oder diejenige der Erde in Form von Revolution und Chaos durchzuführen, wird in *Die Ehe des Herrn Mississippi* zuschanden. Durch den nicht-akzeptablen Besuch der »Gnade« in Gestalt des Mädchens Kurrubi in *Ein Engel kommt nach Babylon* wird schließlich auch eine solche Alternative des Himmels in Zweifel gezogen.

Der auf dem Höhepunkt von Dürrenmatts Schaffen entstandene *Besuch der alten Dame* kommt zum ersten Mal ohne die Transzendierung des Gerechtigkeitsbegriffes auf eine Ebene außerhalb des »Hier und Jetzt« aus, wenn man von den parodistischen Medea-Vergleichen und den oben beschriebenen Umdeutungen, die aus Claire Zachanassian eine Art Gottheit zu machen suchen, absieht. Zwar verkörpert die »alte Dame« noch immer eine höhere Welt, eben die hohe Finanzwelt; sie bleibt jedoch bei allen Disproportionen und grotesken Verzerrungen ihrer Macht und Person letztlich ein Kind Güllens und kennt sich dort bis zu den Spinnweben der Peterschen Scheune aus; ja sie könnte eher als ein Stück erstarrte Vergangenheit gelten als die Vertreterin irgendeiner Transzendenz.

Dennoch bringt sie eine ebenso unerhörte wie eigenwillige Neu-Definierung von »Gerechtigkeit« in die traditionsverhaftete Welt Güllens: »Ich gebe euch eine Milliarde und kaufe mir dafür die Gerechtigkeit.« (S. 32) Die Neuartigkeit dieser Auffassung zeigt sich an der spontanen Reaktion der Güllener: »Die Gerechtigkeit kann man doch nicht kaufen!« (S. 32) Tatsächlich aber hat Claire anhand ihres Gefolges längst den Beweis für das Gegenteil erbracht: Ihre zwei Sänftenträger sind Gangster aus Manhattan, die in Sing-Sing zum elektrischen Stuhl verurteilt, auf ihre Fürbitte und für eine Million Dollar pro Fürbitte freigelassen wurden. Die beiden Eunuchen sind (mit Geld) in aller Welt gesuchte und erkaufte »Opfer einer totalen Rache, die logisch ist wie die Gesetzbücher der Urzeit« (Anmerkung, S. 102). Schließlich steht als Butler der ehemalige Oberrichter von Güllen und Richter des Appelationsgerichts in Kaffigen dank einer »phantastischen Besoldung« (S. 33) ebenfalls in Claires Diensten.
In diesem Zusammenhang macht sich unter den Vertretern der Stadt Güllen eine auffällige Lücke bemerkbar. Während die städtische Autorität durch Bürgermeister und Polizist vertreten ist, erscheinen Arzt, Lehrer und Pfarrer als Vertreter der traditionellen akademischen Fakultäten der Medizin, Philosophie und Theologie. Es fehlt jedoch ein Jurist oder Vertreter der Rechtswissenschaft. Über den Grund dieser Lücke im akademischen Bereich stellen Daviau/Dunkle (1974, S. 309) einige Vermutungen auf:

»Es ist anzunehmen, daß die Gegenwart eines Rechtsanwalts, an den Ill sich wie an die anderen wenden würde, den logischen Verlauf der Handlung gestört hätte, da ein Rechtsanwalt die Mittel gehabt hätte, Ills Hinrichtung zu verhindern. Dürrenmatt mag aus diesem Grund den Rechtsanwalt ausgelassen haben oder um zu zeigen, daß die Güllener schon vor Beginn der Handlung alles Interesse an Rechtsverfahren verloren hatten. Das Stück gibt keinen Aufschluß darüber, ob Claire die Stadt ebenso leicht ihrer Rechtsdiener berauben konnte, wie sie den Richter anstellte, der sie verurteilte.«

Aufgrund dieser Situation ist keine Autoritätsperson anwesend, die Claires neue Auffassung von Gerechtigkeit von Amts wegen angreifen oder widerlegen würde, so daß die Güllener ihrem wandelbaren Verständnis des Begriffs und, auf der moralischen Ebene, ihrem kollektiven Gewissen überlassen bleiben.
Die Bezeichnung des ethischen Abstraktums Gerechtigkeit als »Versatzstück« (Syberberg, 1965, S. 45) trifft hier in mehr als einem Sinne zu. Nicht nur werden im Verlauf des Stückes abstrakte Begriffe wie Humanität, Gerechtigkeit und Gewissen als »ethische Dekoration der zweckbedingten Handlungen eingesetzt« (ebd.), sondern die Gerechtigkeit wird für Claire Zachanassian auch unmittelbar zum »Versatzstück«, sie läßt sich versetzen wie eine Ware.
Doch nicht nur Claire, sondern jede der drei Hauptfiguren des Stückes nimmt in der Folge »Gerechtigkeit« als begriffliches Mittel zu einem jeweils anderen Zweck für sich in Anspruch. Im Falle Claires läßt sich der Begriff in ein breites Spektrum von Bedeutungen zerlegen: Wiedergutmachung vergangenen Unrechts? Berichtigung eines Fehlurteils? Vergeltung? Genugtuung? Rache? Für die Güllener dagegen ist der Gerechtigkeitsbegriff ein moralisches Rechtfertigungs-

und Täuschungsstrategem, ein Mittel der Ideologisierung, das ihnen die Tötung Ills zur moralischen Pflicht verwandelt. Für Ill schließlich bedeutet Gerechtigkeit die Befreiung von unerträglicher Angst und eine radikale »Ordnung in der eigenen Brust«, die ihm unter den gegebenen Umständen sein Leben wert ist. Es gibt daher keine objektive Gerechtigkeit, sondern lediglich *die* Gerechtigkeit, welche die Protagonisten jeweils für sich in Anspruch nehmen, *als wäre sie eindeutig bestimmt.* Der Gebrauch des bestimmten Artikels, »kaufe mir dafür die Gerechtigkeit« (Claire, S. 32), »für mich ist es die Gerechtigkeit« (Ill, S. 82), »Sie will für ihre Milliarde Gerechtigkeit, die Gerechtigkeit!« (der Lehrer, S. 90), »Wer reinen Herzens die Gerechtigkeit verwirklichen will« (der Bürgermeister, S. 93), »Klara liebte die Gerechtigkeit« (Ill, S. 13) ist in diesem Zusammenhang aufschlußreich.

Unter diesem völlig versetzbaren Begriff, der eine ethische Verbrämung des zweckbestimmten Handelns der dramatischen Figuren darstellt – denn auch dem Sühne-Entschluß Ills wird erst »durch die a posteriori Nötigung einer erkauften Gerechtigkeit [...] auf die Sprünge geholfen« (Knapp, in: *Text + Kritik 56*, 1977, S. 27) –, vermögen sich jedoch am Ende alle drei Parteien zu einigen, ohne daß etwas geschieht, das wesentlich mit Gerechtigkeit zu tun hätte. Im Gegenteil: »Die sich vollziehende Gerechtigkeit ist selber kriminell.« (Arnold Heidsieck, 1969, S. 90)

Hier stellt sich nun die Frage: »Gibt es eine absolute Gerechtigkeit, oder ist jede Gerechtigkeit ein Nebenprodukt der Gesellschaft, das einzig durch den kollektiven Willen einer Gruppe bestimmt wird?« (Daviau/Dunkle, 1974, S. 315) Wird diese Frage im Sinne einer »absoluten Gerechtigkeit« beantwortet, so stellt sich die weitere Frage nach einer »Kollektivschuld«:

»Güllen ist technisch von gerichtlicher Anklage frei, solange ein Mord, der heimlich und mit Zustimmung aller begangen wurde, nicht zu beweisen ist. Eine solche Lösung läßt jedoch die Frage offen, ob die Tat aus höherer Perspektive gegen eine Moral verstößt, d. h. ob sie ein Verbrechen gegen die Menschlichkeit darstellt.« (Ebd., S. 314)

Eine weitere Frage betrifft die Äußerung des Lehrers: »Noch weiß ich, daß auch einmal zu uns eine alte Dame kommen wird, eines Tages, und daß dann mit uns geschehen wird, was nun mit Ihnen geschieht« (S. 78). Werden die Güllener in der Zukunft für ihre Tat büßen müssen, oder werden sie ungestraft von ihrem Verbrechen profitieren? Die Meinungen der Forschung gehen hier auseinander. Durzak (1972, S. 98 f.) sieht im Ende des Stücks eine »perfektionierte Konsumhölle«, einen »Zustand der Hoffnungslosigkeit [der] in keinem andern Stück [Dürrenmatts] so überzeugend dramatisch verdeutlicht [wird] wie hier«. Auch Profitlich (1973 a, S. 107) erklärt:

»Was die Generationen der Sieger und Besiegten aneinanderknüpft, ist nicht mehr als eine abstrakte Gemeinsamkeit ihres Schicksals: einer und derselben Kette anzugehören, in der jeder zugleich Subjekt und Objekt der Greueltaten ist. Weit davon entfernt, die Manifestation einer strafenden Gerechtigkeit zu sein, präsentiert sich die Schicksalskette als ein Mechanismus von ausgeklügelter Sinnlosigkeit.«

Dagegen heißt es bei Daviau/Dunkle (1974, S. 315): »Der Parallelismus innerhalb des Stückes [d. h. die Progression der Schuld] deutet an, daß die Stadt später einmal für ihr Verbrechen wird zahlen müssen, so wie Ill für das seine gezahlt hat.« Darüber hinaus läßt sich die Prophezeiung des Lehrers auch so auffassen, daß zu jedem Güllener eine »alte Dame« kommen könnte als Gespenst einer verjährten Schuld. Denn die Schuld Ills ist kein Sonderfall, sie ist nur willkürlich herausgegriffen. Der Henkerstod, den die Güllener um des Wohlstands willen an Ill vollziehen, könnte, bei der gegebenen Wandelbarkeit des Gerechtigkeitsdenkens, jederzeit einem von ihnen drohen.

So geschlossen die Handlung dieses Stückes ihrer formalen Gestaltung nach auftritt, so offen bleibt seine »Aussage« hinsichtlich der Frage nach Schuld und Gerechtigkeit. Trifft Dürrenmatts Befund zu: »Schuld gibt es nur noch als persönliche Leistung, als religiöse Tat« (*Theater-Schriften*, S. 122), so muß er sich auch auf den Begriff von Gerechtigkeit auswirken. Ills persönliche Inanspruchnahme dieses ethischen Maßstabs wäre dann die einzig mögliche: »Für mich ist es die Gerechtigkeit, was es für euch ist, weiß ich nicht.« (S. 82) So kann Ill, der sich zuletzt wiederholt »mit der Kasse beschäftigt« (S. 79, S. 80), zwar sein eigenes Bewußtseinskonto in Ordnung bringen, doch nicht ohne zugleich den Schuldweg seiner eigenen Kinder bereits vorzuzeichnen.

In diesem Zusammenhang mag es aufschlußreich sein, eine Äußerung Dürrenmatts anzuführen, die noch rund eineinhalb Jahrzehnte nach der *Alten Dame* die Schwierigkeit der hier aufgeworfenen Gerechtigkeitsethik thematisiert:

»Das menschliche Leben ist das, was wir sicher besitzen, und es ist das, was sicher nicht in Ordnung ist. Aus dieser Situation habe ich für mich persönlich gewisse, Sie können es ruhig sagen, moralische Grundsätze zu ziehen. Ich muß versuchen, durchs Leben zu kommen, möglichst ohne viele Menschen zu zerstören. Das ist ein sehr einfacher Gedanke. Aber Sie kommen um die Ethik, um die Moral nicht herum. Nun ist die Welt, in der wir leben, unmoralisch, sie ist nicht richtig, und die Frage stellt sich nun immer, wie können wir in einer nichtrichtigen Welt richtig leben. Diese Rechnung geht nicht auf. Darum ist unser Leben immer, auch wenn wir uns noch so sehr bemühen, in einer gewissen Weise unrichtig. Das ist die menschliche Problematik, und das ist eine Problematik, die jeder, ob er nun Christ oder Kommunist oder was er auch sei, kapieren muß.« (Gespräch mit Friedrich Dürrenmatt, in: *Der Schriftsteller in unserer Zeit*, 1972, S. 41)

6 Die »Alte Dame« auf der Bühne: Aufführungsgeschichte und kritische Rezeption

6.1 Zur Aufführungsgeschichte

Die Uraufführung der *Alten Dame* fand am 29. Januar 1956 im Schauspielhaus Zürich statt: Regie: Oskar Wälterlin; Bühnenbild: Teo Otto; Musik: Rolf Langnese; Claire Zachanassian: Therese Giehse; Ill: Gustav Knuth. Die Szenerie bestand aus leicht andeutenden Kulissenfragmenten mit sparsamer Verteilung realistischer Details. Darin traten die Güllener »in manchmal stark stilistischen Arrangements als Kollektiv in Erscheinung. Wälterlin drängt das Satirische zurück, spielt aber Dürrenmatts theatralische Einfälle – die Güllener als ›lebende Bäume‹, die Autofahrt auf vier Stühlen – behaglich aus.« (Jenny, 1968, S. 139) Später wurde das Stück zweimal unter Dürrenmatts Regie aufgeführt: 1956 in Basel »mit bunter überreicher Theatralik [und] 1959 in Bern, nur mit den notwendigsten Requisiten« (ebd.).
Die deutsche Erstaufführung des Stückes erfolgte im Mai 1956 in den Münchener Kammerspielen unter der Regie von Hans Schweikart und wiederum mit Therese Giehse in der Hauptrolle. Während der Theatersaison 1955/56 folgten weitere deutsche Aufführungen in Düsseldorf, Stuttgart, Hamburg, Kiel, Lübeck, Freiburg, Bochum, Berlin (Schillertheater), Krefeld/Mönchen-Gladbach und im Volkstheater Wien. In den zwei Jahrzehnten von 1955/56 – 1976/77 lassen sich im deutschsprachigen Bereich etwa 115 Saison-Aufführungen und Tourneen nachweisen. Dazu kommen zahlreiche Rundfunk-, Fernseh-, Film- und Schallplatteneinspielungen.
Im Ausland erwies sich die *Alte Dame* als das bisher erfolgreichste Bühnenstück deutschsprachiger Herkunft seit dem Krieg. Noch während der Saison 1956/57 erfolgten Aufführungen an drei polnischen Theatern, in Schweden, Japan und – mit dem amerikanischen Star-Ehepaar Alfred Lunt und Lynn Fontanne unter Regie von Peter Brook – in England, Irland und Schottland, aber noch nicht in London. Im Frühjahr 1958 kam es in den Vereinigten Staaten zunächst zu Studioaufführungen in Boston und New Haven, ehe das Stück am 5. Mai 1958 mit der Neueröffnung des Lunt-Fontanne Theaters seinen Siegeszug am Broadway antrat. Nach einer Spielzeit von neun Wochen und der Unterbrechung durch den Sommer wurde es im August desselben Jahres am Morosco Theater inszeniert und lief dort bis zum 29. November 1958. Es wurde als bestes ausländisches Stück am Broadway für die Saison 1958/59 ausgezeichnet. Nach einer neuerlichen Unterbrechung von zehn Monaten unternahmen die Lunts vom September 1959 bis zum März 1960 eine Tournee mit der *Alten Dame* durch siebzehn Städte der Vereinigten Staaten und Kanadas. Den Höhepunkt dieser Tournee bildeten zwei Wochen im City Center New York, wo jede Aufführung des Stückes ausverkauft war. Während der insgesamt vierundfünfzigwöchigen Spielzeit vom April 1958 bis zum März 1960 spielte das Stück über zwei Millionen Dollar ein und setzte neue Theaterrekorde in Los Angeles, Washington, Philadelphia und New York.
In Paris war *La Visite de la Vieille Dame* zuerst unter der Regie von Jean-Pierre Grenier (in einer Adaption von Jean-Pierre Porret) am Marigny Theater von März bis Mai 1957 erfolgreich aufgeführt worden. Anläßlich der vierten Saison der internationalen Theater-Festspiele im März 1960 kam es dann zu einer französischen Neuinszenierung des Stückes durch Peter Brook. Schließlich eröffneten die Lunts am 23. Juni 1960 mit dem Stück ein neues Theater in London, The Royalty, wo *Der Besuch der alten Dame* ursprünglich für acht Wochen auf dem Spielplan stand, aus denen dann zwanzig Wochen wurden. Während der Saison 1959/60 hatten außerdem Aufführungen des Stückes in Belgien und Portugal, in Polen, der Türkei, in Israel, der Tschechoslowakei usw. stattgefunden. (Zur Rezeption des Stückes in Israel im Jahre 1959 und 1974 vgl. Chaim Shoham: *Der Besuch der alten Dame* –

Der doppelte Besuch in Israel. In: *Facetten,* 1981, S. 259–273.) Der internationale Siegeszug des Stückes setzte sich in den folgenden Jahren auch auf dem afrikanischen und südamerikanischen Kontinent fort. In der UdSSR kam es allerdings erst im Juni 1976 zur Aufführung im Moskauer Theater Tiflis (vgl. zur Moskauer Rezeption *Werkstattgespräche,* S. 128 f.). In den zwei Jahrzehnten von 1956/57 bis 1976/77 ging das Stück durch insgesamt 120 fremdsprachige Bühnenversionen, darunter zahlreiche ausgedehnte Tourneen. Der Autor nahm an den europäischen Erstaufführungen lebhaften Anteil. Er war bei zahlreichen Premieren anwesend, konzipierte auch selbst Variationen des ursprünglichen Textes, der jedoch nicht, wie viele andere seiner Stücke, in veränderter oder überarbeiteter Form veröffentlicht wurde bis zur »Neufassung 1980« in der dreißigbändigen Taschenbuchausgabe des Diogenes Verlag, Zürich (vgl. Kap. 7. 1 »Textausgaben«). Unter den europäischen Inszenierungen stieß u. a. die Premiere am Piccolo Teatro in Mailand (31. 1. 1960) unter der Regie von Giorgio Strehler wegen ihrer betont ernüchternden und objektivierenden Ausführung auf Widerspruch (vgl. Jenny, 1968, S. 141–144). Im angelsächsischen Raum konnte die Bearbeitung von Maurice Valency unter der Regie von Peter Brook einen Erfolg verbuchen, der für manche europäische Betrachter des Stückes nicht ohne weiteres begreiflich erscheint. Die Ausmerzung vieler satirischer oder grotesker Elemente zugunsten einer elegant damenhaften und dennoch haßerfüllten Charakterisierung der Zachanassian etwa wird vielfach als Trivialisierung oder Verharmlosung des Textes angesehen. Dazu schreibt Michael Peter Loeffler (1976, S. 72):
»Die antike Rachetragödie, das christliche Sühnespiel, die zeitgenössische politische Parabel: diese drei Ebenen machte Peter Brook zur Grundlage seines Verständnisses der *Alten Dame.* [...] Brook hat denn auch keine dieser thematischen Ebenen verabsolutiert, ja hat versucht, sie nicht offen sichtbar werden zu lassen. Sie sollten unauffällig, eingebettet in die Fabel selbst, ihre Wirkung tun, als Bestandteil des Stückes in seiner Ganzheit. In der Inszenierung hat Brook diese in sich getragene Einheit noch verstärkt, indem er jede parabolische Überhöhung milderte und das Stück, mehr als von Dürrenmatt beabsichtigt, der Tradition des Bühnenrealismus annäherte.«
In der Tat wurden die angelsächsischen Zuschauer noch in der verwässerten Adaption Maurice Valencys durch das »Böse« des Stückes erschüttert und teilweise abgeschreckt. Auch Dürrenmatt hat gelegentlich von Mißverständnissen gesprochen: »Dann ist zu sagen, daß gerade Erfolge wie z. B. in Amerika weitgehend auf – glaube ich – Mißverständnissen beruhen. Jedes Stück wird ja wieder in jedem Land auf eine ganz bestimmte Weise mißverstanden«. (*Werkstattgespräche,* S. 135) Dennoch hat er selbst dazu beigetragen, unter anderem etwa durch seine Modifizierung der Bahnhofsszene am Ende des zweiten Aktes, die er auf Wunsch Alfred Lunts, dem diese nicht einleuchtete, vornahm.
»Es ist Dürrenmatts Meinung, daß ein Stück nicht ausschließlich vom Dramatiker geschrieben wird; der Regisseur und die Schauspieler liefern wichtige Beiträge zur Charaktergestaltung und zur Fabel. Alfred Lunt z. B. wünschte einen schärfer pointierten Höhepunkt als ursprünglich für die Bahnhofsszene am Ende des zweiten Aktes vorgesehen war. Also wurde an dieser Stelle eine ganz neue Figur eingeführt, die dem Dramatiker im Verlauf seiner Arbeit am Stück nie in den Sinn gekommen war: Der Mann, der anhielt, weil er einen Eimer Wasser brauchte, und im Vorbeigehen Anton einen Lift in seinem Lastwagen anbot; er trug wesentlich zur Fabel wie zur Charaktergestaltung bei.« (Goodman, 1966, S. 288).
Nach dem Broadway-Erfolg der *Alten Dame* erwarb Hollywoods Twentieth Century Fox im Jahre 1960 die Filmrechte des Stücks und übertrug, ohne dem Autor ein Einspruchsrecht einzuräumen, die Herstellung des Drehbuchs an Ben Barzman. Die Filmfassung wurde unter dem Titel *The Visit* 1963 mit Ingrid Bergmann und Anthony Quinn in den Hauptrollen unter der Regie des Schweizers Bernard Wicki gedreht und im Folgejahr auch bei den Festspielen in Cannes gezeigt. Einem breiten Filmpublikum zuliebe war die Fabel des Stückes dahingehend verändert worden, daß am Schluß die verjüngte und noch immer verliebte alte Dame Gnade vor Recht ergehen und Ill leben läßt. Wie unterschiedlich diese Bearbeitung

gedeutet werden kann, zeigen zwei vergleichende Analysen in *Text + Kritik* (50/51, 1976, S. 92; 56, 1977, S. 66) von Hugo Dittberner bzw. Mona Knapp. Hugo Dittberner schreibt u. a.:
»Der Film hat diese Geschichte zu einer Liebesgeschichte vereinfacht und vertieft (also den Tiefsinn, den Dürrenmatt fahren lassen wollte, wieder hereingebracht). [...] Und wenn am Ende des Films Ingrid Bergmann den schuldig gesprochenen Anthony Quinn begnadigt, so ist er sich der Zusammengehörigkeit (seiner Schuld) bewußt geworden und kann in diesem Bewußtsein ebenso weiterleben wie die Stadt, die nicht erneut schuldig werden muß. In dieser versöhnlichen Geste ist die Hoffnung auf Menschlichkeit für alle enthalten und aus Dürrenmatts kleiner Hoffnung also eine große geworden.«
Dagegen schreibt Mona Knapp: »Es gibt wohl zwei Wege der möglichen Verfilmung eines literarischen Texts: einmal die möglichst werkgetreue Adaption an das Medium Film. Und dann die freie Übertragung einer künstlerischen Form in den Rahmen und die Gesetze einer anderen, grundsätzlich verwandten. Die letztere verlangt nicht nur ein adäquates Textverständnis, sondern auch den ebenbürtigen eigenständigen Gegenentwurf, der etwa den guten Übersetzer auszeichnet. Von beiden hat die *fünfzigtausend-Dollar*-Trivialisierung des ›Besuchs der alten Dame‹ herzlich wenig aufzuweisen.«
Im Mai 1971 kam es während der Wiener Festwochen zur erfolgreichen Erstaufführung der Opernfassung des Stückes von Gottfried von Einem. Dürrenmatt, der über den Plan der Vertonung des Textes zunächst entsetzt war, ließ sich durch eine Aufführung der Büchner-Vertonung von Einems *Dantons Tod* dazu bewegen, das Libretto für die *Alte Dame* in der Zusammenarbeit mit dem Komponisten zu bearbeiten. Drastische Kürzungen waren vorzunehmen, und an Stelle des Sophokleischen Schlußchors entstand ein triumphaler Schlußtanz der »bösen« Sieger. Nachdem Claire dem Bürgermeister den Scheck übergeben hat, folgt »Stille. Alle starren auf den Bürgermeister. Der Bürgermeister beginnt plötzlich, wie aus einer diebischen Freude heraus, zu tanzen. Die andern fallen ein. Der Mördertanz wird immer stampfender und übermütiger. Von hinten kommen die Frauen jubelnd hereingestürzt.« (Neue Zürcher Zeitung, 27. Mai 1971, S. 33) Auf die Wiener Erstaufführung, in welcher Christa Ludwig die Hauptrolle sang, folgten Inszenierungen der Oper im Stadttheater Regensburg, in Zürich und Berlin. Das Libretto ist bei Boosey & Hawkes (London) erschienen.

6.2 Dokumentation

Züricher Uraufführung (29. Januar 1956)

Jakob Welti

»[...] ›Tragische Komödie‹ ist eine fast zu milde Bezeichnung für dieses grausame Spiel, das den Zuschauer, wie immer bei Dürrenmatt, zwischen Zustimmung und Ablehnung in der Schwebe hält, aber entschieden auf weite Strecken zu fesseln versteht. Man folgt diesem entfesselten Berner gerne in die Gefilde seiner blühenden Phantasie, konstatiert mit Respekt seine Belesenheit, aus der ihm so viele, meist einfallsreich variierte Anleihen aus der Weltdramatik von Sophokles bis Wilder in den Garten wachsen, und freut sich darüber, daß ›Der Besuch der alten Dame‹ gegenüber früheren Werken Dürrenmatts eine bedeutend straffere dramaturgische Linienführung aufweist. Wohl dominiert das geldschwere, unerbittlich harte alte Weib, aber wie ihm in dem Krämer Illi [sic] ein mit seinen Nöten wachsender Protagonist entgegengestellt wird, hat schönes Gewicht, führt zu den wesentlichsten Akzentsetzungen in der Beleuchtung des makabren Themas. Mit Rankenwerk hat Dürrenmatt wie gewohnt nicht gespart. Es entwickelt sich, bei manchem Witz in Situation und Aperçu, reichlich in die Breite, ermüdet den Hörer und Zuschauer namentlich im letzten Akt. [...]

Oskar Wälterlin leitet das Ganze mit bestem Verständnis für die hinterhältige Eigenart von Dürrenmatts ›Komödien‹-Stil, für den oft sprunghaften Wechsel von Ernst und Spaß, für dramatische Ballungen und auflockernde Gags. Der platten Realität entrückt, auf einer surrealen Ebene spielt sich dieser grausliche Besuch ab, gespenstisch, irrlichternd, aber ohne Grand-Guignol-Drücker, wie ein Wachtraum. In Therese Giehse hat der ausgezeichnete Spielleiter eine ideale Vertreterin der Hauptrolle zur Stelle. Eine aus dem Geschlecht der Folle de Chaillot ist das, besessen von ihrem Gerechtigkeitswahn, jedes menschliche Vibrieren hinter einem sachlich-kühlen Gehabe verbergend. Imponierend in Haltung, sparsamster Gestik und beherrschtem Ton, fesselt die Künstlerin in dieser großen Rolle, die zweifellos auch von weitern bedeutenden Darstellerinnen begehrt sein wird. Der andere Hauptträger des Stückes ist Gustav Knuth als Illi. Schön, wie er die innere Wandlung des Krämers zum Ausdruck bringt, aus dem plump-vertraulichen Schmunzler zum gehetzten, vom Verfolgungswahn gepackten armen Menschen wird, der schließlich resigniert und für seine verjährt geglaubte Schuld büßt.
[...] Aus dem seltsamen Gefolge der alten Dame seien der Butler Herman Wlachs und die beiden gespenstischen Kastraten Max Hauflers und Rudolf Walters mit Auszeichnung genannt. – Autor und Interpreten konnten sich für stärksten Beifall bedanken.«

(Neue Zürcher Zeitung, 31. 1. 1956)

Schauspielhaus Zürich, Dürrenmatt: Der Besuch der alten Dame
(Elisabeth Brock-Sulzer)

»[...] Warum den Inhalt so ausführlich erzählen? Weil hier das heute selten Gewordene passiert ist, daß ein Dichter einen wirklichen, starken, tragenden Stoff gefunden hat. Was auch immer aus diesem Stoff geformt worden wäre, es möchte noch so unzulänglich sein – der Ruhm des Themas bliebe für Dürrenmatt. Aber der Dichter hat das Thema bewältigt. Noch nie – außer vielleicht in ›Romulus‹ – entsprach seine Griffkraft so sehr dem zu Ergreifenden. Zürich hat der Uraufführung eines großen Werkes beigewohnt, und nicht wenige scheinen an der Premiere auch gespürt zu haben, was das bedeutet. Selbstverständlich kann ein solches Werk, das uns in unseren notwendigsten Feigheiten entlarvt, nicht gleich jene prompten Beifallsstürme entfesseln, die harmlosere oder uns harmloser scheinende Theaterstücke sofort begrüßen. Der Vorhang senkt sich hier über einer schauerlichen Anlage der Menschheit, die nur um so schauerlicher wird dadurch, daß der Einzige, der die angeborene Feigheit des Menschen überwindet, dieser Feigheit zum Opfer gebracht wird wie ein Schlachtopfer alter Zeiten. Hier sind weniger Mitleid und Furcht Ziel und Ernte des Theaters, sondern Selbsterkenntnis. Wer wagte es, sich *nicht* einzubeziehen in den falsch feierlichen Chor der Güllener, die in sophokleischem Stil zuletzt von der gemeinsamen Not der Armut singen? Auch der Autor schrieb ja als Mitschuldiger, sagt Dürrenmatt. Der Beifall war also stark, aber einem jeden Applaudierenden gleichsam abgerungen, was ihm nur um so größeres Gewicht gibt.
[...]
›Der Besuch der alten Dame‹ wird einen langen Weg machen. Das darf man ruhig prophezeien. Er wird Darsteller und Regisseure gleicherweise locken. Er wird auch auf sehr viele Arten gespielt werden, gespielt werden *dürfen*. Wilder nach allen Seiten ausgreifend, der komischen und der tragischen, wilder, als es bei uns geschehen ist. Geraffter, verkürzter, knochiger, ausgemergelter, oder auch stofflicher, derber, sinnlicher. Die Zürcher Uraufführung hält eine schöne Mitte. Sie läßt den Dichter sprechen, mit Recht wissend, daß er ein geborener Theaterdichter ist. Vieles möchte man noch sagen, aber man endete beim Lob der Heimat, das ja meistens als Selbstlob mißverstanden wird. Darum sei hier der Punkt gesetzt.«

(Die Tat, 1. 2. 1956)

Ein sozialkritischer Höllenspuk. Zur Uraufführung von Friedrich Dürrenmatts neuer tragischer Komödie (P. Sd.)

»[...] Mehr Aufmerksamkeit als die ästhetische Seite des Werkes erregt seine *sozialkritische Tendenz*. Charakterlich sind ja in diesem Stück eigentlich alle samt und sonders korrupt, Gülle, Jauche. Das heißt, anständig sind die Güllener, solange sie als Proletarier existieren. Aber sowie sie in die Nähe der riesigen Geldmengen kommen, verliert sich der Anstand. Dafür wuchert auf dem durch einen Mord erkaufbaren und erkauften neuen Wohlstand der Sinn für Ideale, für Bildung und Recht: durch die Milliarde der alten Hexe gewinnt die Stadt auch ihre Kultur wieder. Aber diese kapitalkräftige Kultur ist unecht, eben weil ihr Unmenschlichkeit, Verlogenheit und reine Geldgier zu Grunde liegt. Echt und wirklich ist darin nur das Materielle, die Armut, das Verlangen nach Wohlstand, der Besitz. Alles andere, Geist, Bildung, Ideale, Gerechtigkeit – all das ist blauer Dunst, giftiges Auspuffgas aus der mörderischen, gemeinschaftszersetzenden Gold- und Geldmaschine. Es gibt nicht ein einziges widerstandsfähiges Gewissen in dem Stück.

Die Gebärde der Anklage und des Gerichts, die dergestalt hinter der Nachtmahr- und Teufelsgrimasse winkt, ist deutlich. Soll sie ernst genommen werden? Geht es dem Autor wirklich um ein sozialkritisches Anliegen oder bietet sie ihm nur die erwünschte Basis, um seine satirischen Fähigkeiten um so theaterwirksamer spielen zu lassen? Sollte die sozialkritische Position hinter dem Höllenspuk ernst gemeint sein, dann würde sie an jene marxistischen Attacken gegen die kapitalistische Welt erinnern, denen es darum geht, die ›ideologischen‹ Kulturphrasen des Bürgertums zu ›entlarven‹ und auf ihre materielle Grundlage zu ›reduzieren‹. Aber die derbe Teufelsmoritat schreitet ja nicht im Panzer dogmatischer Logik, sondern im schwarzen Narrenkleid einer betrüblichen Riesenclownerie umher. Zweifellos ergötzt sich der Autor an den Rätseln, die er aufgibt, und an dem Befremden, das er verursacht. Ob aber eine Sozial- und Zeitkritik, die im Gewand eines Höllenspukes, mit verdächtigen Einseitigkeiten und ohne Gewissen auftritt, stichhaltig sein kann?«

(Zürcher Woche, 3. 2. 1956)

Glanzvolles Theater – Problematisches Stück: Wenn plötzlich Abgründe sich öffnen. Internationales Publikum erlebt den neuen Dürrenmatt (Hansres Jacobi)

»›Das Tragische ist auch heute noch möglich, auch wenn die reine Tragödie nicht mehr möglich ist. Wir können das Tragische aus der Komödie heraus erzielen, hervorbringen als einen schrecklichen Moment, als einen sich öffnenden Abgrund.‹ Aus dieser Konzeption schrieb Friedrich Dürrenmatt seine ›tragische Komödie‹ in drei Akten, ›Der Besuch der alten Dame‹, die soeben im Zürcher Schauspielhaus uraufgeführt wurde.

Das Geschehen ist ungewöhnlich und ausgefallen, wie meistens bei Dürrenmatt: [...] Eine verzwickte Geschichte, in der sich Elemente der Groteske, des Schauerdramas, der Sozialkritik und der Tragödie vermischen, in der gleichermaßen ein Schuß Kafka (der gehetzte) und ein Schuß Grand Guignol zu finden sind. Der Einfall ist wiederum blendend, wird jedoch in seiner Wirkung durch die mangelnde Folgerichtigkeit der Durchführung beeinträchtigt. Unbefriedigend bleibt, daß das Opferlamm von Anfang an befleckt ist; die Satire wird geschwächt, weil der Mann, der geopfert wird, tatsächlich ein strafbares Verbrechen begangen hat, indem er nicht nur seine Geliebte samt ihrem Kind verlassen, sondern sich der Anstiftung zum Meineid und der Bestechung schuldig gemacht hat. Er hat also eine Strafe verdient, und wenn er nun der Habgier seiner Mitbürger statt der wirklichen Gerechtigkeit zum Opfer fällt, so erscheint das als ein störender Zufall.

Noch störender aber ist die nicht durchgehaltene Konzeption der Claire Zachanassian, die in Güllen auftaucht, um sich an ihrem treulosen Geliebten dafür zu rächen, daß er ihr Leben verpfuschte. Ihr ganzes Leben ist auf der Rache aufgebaut, deren einer Bestandteil auch der

Massenkonsum an Ehegatten ist. Am Schluß des Stückes indessen löst sich die vermeintliche Rache in billige Sentimentalität auf: vor der Leiche ihres einstigen Romeo gesteht sie, daß sie ihn tötete, um ihn wieder rein als den Helden ihrer Jugend sehen zu können, um sein Bild unbefleckt in ihrer Erinnerung bewahren zu können. Dieser verwaschene Gefühlsausbruch stört nicht nur die Folgerichtigkeit des Handlungsimpulses der Frau Zachanassian, sondern läßt deren ganzes Leben als reichlich pervers und absurd erscheinen.
Verglichen mit den früheren Werken des Autors, ist ›Der Besuch der alten Dame‹ strafferin der Durchführung, gerundeter, wenngleich sich immer noch eine Menge von Ansätzen findet, die nicht durchgeführt werden. Das kabarettistische Element ist weitgehend zurückgedämmt und äußert sich nur in winzigen Einzelszenen. (Peinlich wirkt allerdings die Parodie auf Sophokles und Hölderlin.)
Formal bedient sich Dürrenmatt der vor allem seit Thornton Wilder wieder aktuellen Form des entzauberten Theaters, in dem die Requisiten auf ein Minimum beschränkt sind und weitgehend durch die Darsteller erspielt und angedeutet werden. Man darf gegen den Dichter deshalb aber keinesfalls den Vorwurf des Epigonentums erheben. Sein Stück ist von großer, urtümlicher, dramatischer Dichte und von einem vitalen theatralischen Elan, wie ihn heute nur wenige Autoren der deutschen Bühne aufzuweisen haben. Dürrenmatt ist im eigentlichsten Sinn des Wortes ein Homo ludens, den der Trieb treibt, sich eigene Welten zu schaffen, die er der Welt der Realität gegenüberstellt.«

(Die Welt, 4. 2. 1956)

Deutsche Erstaufführung München (11. Mai 1956)

Besuch der alten Dame bei Schweikart. Dürrenmatt-Premiere in den Kammerspielen (Hanns Braun)

» […] Was interessant ist, muß nicht notwendig auch groß sein. Interessant, das heißt voll eines aktuellen Reizes ist Dürrenmatts Gleichnisstück ohne Zweifel. Inhaltlich: denn in dem Besuch der Milliardärin Zachanassian in ihrer Heimat Güllen sind Dinge montiert, die der Gegenwart, der Zeit des akzeptierten Wirtschaftswunders und der verweigerten Gerechtigkeit aus dem Gesicht geschnitten sind. Aber auch formal: denn wie das montiert ist, das zeigt, daß der Autor der ›Ehe des Herrn Mississippi‹ und ›Ein Engel kommt nach Babylon‹ auch weiterhin sein Kleines Organon für das Theater gepflegt hat, und die Tricks des Panoptikumstils, die bei Strindberg begannen, mit Glanz beherrscht.
Für Dürrenmatt scheint dergleichen notwendig. Er ist ein Moralist, und Moralisten können in dieser Welt immer nur dann pathetisch auftreten, solange eine große Publikumsbereitschaft, eine Sache ernst zu nehmen und an ihr zu leiden, ihnen entgegenkommt. Fehlen dazu die Voraussetzungen, muß der Moralist den Hanswurst machen, muß grotesktanzen, quieken und bluffen, um ›anzukommen‹. Anders kann er seiner Zeit nicht ins Fleisch schneiden, als indem er ihr beibringt, sein satirisches Skalpell amüsant, schauerlich amüsant zu finden. Aber damit gerät er auch schon selber in Gefahr, und mir scheint, Dürrenmatt ist ihr in seiner jüngsten Groteske noch mehr als früher erlegen. Wiewohl seine Montage uns sehr wohl etwas angeht, wiewohl das plakatische Übereinanderkleben typischer Zeiterscheinungen (wie dieser alten Schachtel, die ewig den Gatten wechselt, mit allen Göttern Plutoniens befreundet ist und durch ihren ungeheuerlich heckenden und fressenden Reichtum faktisch *über dem Gesetz steht*), wiewohl uns das sehr nachdenklich stimmen mußte, gehen uns doch die Menschen im Stück merkwürdig wenig an.
Sind es überhaupt Menschen? Nein, es sind Schießbudenfiguren! Die tun auch so, als seien sie Menschen; aber ihr Hauptzweck ist: daß sie ein Ziel abgeben. Und Dürrenmatt, das muß man sagen, schießt nicht schlecht. Das gilt zumindest bis zur Mitte; später wartet er manch-

mal zu lang auf Godot, den Einfall. Er versäumt, Komplikationen in sein Schichtl-Panorama einzubauen; auch Mordlust, zu linear auf den Mord hin gesteuert, kann ja schließlich langweilen. [...]
Ein Glück für derlei Stücke, daß sie ihr Satirisches und Parodistisches auf der Bühne in lebendige Menschen einmummen können. [...] *Therese Giehse* vor allem war für die Hauptfigur (die sie schon in Zürich darstellte) wie geschaffen. [...] *Paul Esser*, den sich Schweikart für den Ill geholt hatte, tat sein Bestes, den meineidigen Verführer von einst und jetzigen Kleinbürger, der Zug um Zug wie ein umstelltes Wild in den Tod getrieben wird, dafür mit um so menschlicheren Zügen zu versorgen. Daß er mich sonderlich gepackt hätte, kann ich nicht behaupten, es sei denn in der Szene mit dem Pfarrer, wo der Satz fällt: ›Der Wohlstand steht auf!‹, der ja wohl der flehendste, bestürzendste, zentralste Satz des ganzen Werkes ist. [...]«

(Süddeutsche Zeitung, 30./31. 5. 1956)

Düsseldorf (September 1956)

Ein Märchen wird erzählt. Ein Märchen? (Herbert Leisegang)

»Die Aufführung im Düsseldorfer Schauspielhaus ist ein Ereignis. Hier greifen – ein nicht allzu häufiger Fall – eine Reihe kongenialer Kräfte ineinander [...]. Ein großes Stück, ein großer Regisseur, ein gutes Ensemble und ein paar große Schauspieler. Der Schweizer Friedrich Dürrenmatt dürfte heute, nach dem Ableben Bert Brechts, als die stärkste junge dramatische Kraft im deutschsprachigen Raum zu bezeichnen sein. Ein ausgeruhter Kopf, der vorgibt, eine simple Fabel erzählen zu wollen, nur eben so zur Unterhaltung, wirft wie spielerisch einen Ball voll skurriler Einfälle in die Luft und läßt ihn dann zurückfallend hart und wuchtig mitten hinein in unsere gesellschaftliche Ordnung aufplatzen. [...]
Das geht tief unter die Haut, das bleibt sitzen. Das frißt noch an dem Theaterbesucher, wenn er sich längst zum Eisbein mit Bier niedergelassen hat. Dürrenmatt setzt seine Worte spärlich, manchmal tropfen sie nur zähflüssig in den Raum. Aber jedes Wort trifft haarscharf dahin, wohin er es haben will. Die Atmosphäre hinzuzudichten, ist das Werk des Regisseurs. Und Leo Mittler versteht das vorbildlich. Wie er vom Wort und Ita Maximownas beweglichen Bühnenbildern her die Armut aus dem Raum wachsen läßt, wie er den tödlichen Würgegriff, die Ängste des gehetzten Wildes spürbar macht, wie er die böse Macht des Geldes sich über den gesamten Zuschauerraum wölben läßt und darunter die verkümmerte Pflanze der Menschlichkeit erstickt und zum falschen Pathos der Heuchelei degeneriert, das ist großes Theater!
Von dem jetzt 35-jährigen Dürrenmatt dürften wir noch einiges zu erwarten haben.«

(General-Anzeiger der Stadt Wuppertal, 11. 9. 1956)

Stadttheater Basel (13. November 1956)

Dürrenmatt inszenierte Dürrenmatt. Ein überraschender »Besuch der alten Dame« in Basel (Ulrich Seelmann-Eggebert)

»Das Überraschende an seiner Baseler Inszenierung ist in erster Linie das Bühnenbild, das Max Bignens geschaffen hat, das aber zweifellos auf Anregungen Dürrenmatts zurückgehen dürfte. Hatten andere Aufführungen diese Satire auf die Hochkonjunktur noch satirisch-kabarettistisch überzogen, hatten schon die vielfach karikierenden Bühnenbilder das

Geschehen entwirklicht und damit entschärft, so ist Dürrenmatts Inszenierung wohl die am meisten realistische von allen. Er kennt die dramatischen Grundregeln des Theaters und weiß daher, daß Verdoppelung der Mittel nicht unbedingt ein Verdoppeln, sondern auch ein Aufheben der Wirkung nach sich ziehen kann. Daß Dürrenmatt die Aufführung vor die riesengroßen Photomontagen einer bürgerlich-behäbigen Kleinstadt stellt, daß er aus der fast filmartig realistisch gezeichneten Lebensechtheit des Milieus seine persiflierend überdrehte Tragikomödie entwickelt, ist ein außerordentlich fruchtbarer Einfall. Und auch so manche handfest realistische Nuance des Spiels trifft mitten in das geistige Zentrum. Der Autor Dürrenmatt war wohl so verliebt in seinen Text und so überzeugt von dessen Bedeutung, daß er fast nach jedem Satz eine gewichtige Denkpause einlegen ließ und die Aufführung auf fast dreieinhalb Stunden zerdehnte. Das bekam dem Abend nicht gut. Auch der Führung des vielköpfigen Ensembles blieb er einiges schuldig.«

(Mannheimer Morgen, 15. 11. 1956)

New York Broadway Premiere (5. Mai 1958)

›Der Besuch‹ – eine moderne Tragödie
[Aus:] Eine Analyse des Stückes von dem Mann, der die englische Adaption besorgte:
Maurice Valency

»Der Besuch läßt sich nicht als ein elegantes Stück bezeichnen. Das Stück verzichtet auf die gewöhnlichen Annehmlichkeiten des Theaters, selbst auf die normale Höflichkeit des Theaters. Die dichterische Konzeption ist scharf, nüchtern, verhältnismäßig streng. Die Tendenz ist zweifellos romantisch, doch unter starker Kontrolle. Alles Sentimentale und Melodramatische wurde – zumal in der vorliegenden Aufführung – einer eingehenden Überprüfung unterworfen. Stilistisch stellt das Stück eine Mischung dar, sein Realismus ist streng funktional, existiert nie um seiner selbst willen. Die Linienführung ist direkt und knapp. Der erleichternde Humor ist sardonischer Art. Der Autor spielt nicht mit seinem Gegenstand – er hat Humor, er genießt die Groteske, aber er meint es ernst. Selbst sein Mitleid hat eine merkwürdige Objektivität, die Distanzhaltung eines Beobachters, der Notiz nimmt, aber nicht völlig an seinem Phantasiegebilde teilnimmt. Es ist möglich, daß kein zeitgenössischer Deutscher so schreiben könnte. Nur die Schweizer haben in diesen tragischen Jahren die Gelegenheit gehabt, Eigenschaften zu kultivieren, die zu dieser Art von Objektivität führen.«

(Theater Arts 42, Mai 1958, S. 17 ff.; Übers. d. Verf.)

First Night Report. ›The Visit‹ *(Walter Kerr)*

»Man erwartet, daß die Lunts selbst im Trivialen noch hervorragend sind. Hier befinden sie sich nicht im Trivialen und erweisen sich auf andere Art als hervorragend. [...]
Lynn Fontannes königliches, schmallippiges Lächeln wirkt vertraut. Beunruhigend neu aber ist, unausgesprochen und unausdeutbar, der Ausdruck eines Hasses, der sich selbst zu verzehren scheint und sich ständig erneuert aus der Art, wie sie mit gläserner Starre jedem Argument begegnet, durch das sich Alfred Lunt zu retten versucht, wie sie gelassen Wolken von Zigarrenrauch ausstößt, während sie dem närrischen Gesang ihres Sänftenträgers zuhört, wie sie ihren Blick auf ein erhobenes Gewehr richtet und mit gebieterischer Kälte den Bewaffneten lähmt und zurückstößt. Das Böse lebt in ihr, unsichtbar und unversöhnlich, Quelle einer strengen, frostig zu spürenden Unerbittlichkeit. [...]

Alfred Lunt [...] seine ausgeleierten Hosenträger strammziehend, verlegen grinsend in seinem schmutzigen, offenen Hemd, seine Nase reibend, sich schneuzend, während er sinnlos immer noch hofft, erweckt zunächst sehr wenig Sympathie. Die stellt sich erst ein [...] beim grausamen ›Ballett‹ um seinen Fluchtversuch am Bahnhof, und als er gebrochen, aber mit klarsichtiger Würde in den Tod geht. [...]
Viel von der erschreckenden Faszination des Spieles entspringt Peter Brooks Art, isolierte Figuren in einem sich langsam verengenden Raum zu bewegen. Die träge, immer nachgebende und doch dunkel drohende Zusammenballung der scheinbar harmlosen Bevölkerung, die die nächtliche Flucht ihres Mitbürgers verhindert, die Mauer aus reglosen Rücken, die jeden seiner Ausbruchsversuche abfängt, schließlich die unendlich langsame, wortlose Einkreisung, die in einem ganz unauffälligen Mord endet – das sind Bilder von suggestiver Gewalt.«

(New York Herald Tribune, 6. 5. 1958; Übers. der Verf., teilweise nach Urs Jenny, 1968, S. 140 ff.)

Ateliertheater Bern (1959/60)

Friedrich Dürrenmatt im Berner Ateliertheater (W. Ad.)

»Nach längerer Pause hat Bern also wieder einen Dürrenmatt, und nach der Meinung der Besucher (die das Ateliertheater allabendlich füllen) sein bisher geschlossenstes, eindeutigstes und darum stärkstes Stück, und in der am besten sitzenden Darbietungsform, die Bern für Dürrenmatt bisher gefunden hat. Gerade das knappe Format und die Einfachheit der Bühne, ein minimaler szenischer Apparat und der fast unheimlich starke Reflex Bühne-Publikum – wobei die Funken wie zwischen zwei benachbarten Polen direkt überspringen – dies alles begünstigt die vollgültige Auswirkung von Wort und Gedanke, von Mimik und Geste. [...]
Was nun die Berner Bearbeitung durch den Autor betrifft, so gilt sie vor allem dem Mittelakt. Hier wäre ein Simultanspiel und Melange von Vorgängen an etwa vier verschiedenen Orten: Hotelbalkon, Ills Laden, Straße, Stadthaus. Was vorher gleichsam in einem stets Staccato war, fließt im Ateliertheater nun in fortlaufendem Zusammenhang. Dabei scheint der Wortlaut nur unbedeutend verändert, der Inhalt teilt sich bei diesem ruhigeren Fluß des Ganzen aber eher kraftvoller und geschlossener mit. Es würde nicht erstaunen, wenn Dürrenmatt diese Berner Fassung auch für andere Bühnen beibehielte. Auch die stärkere Typisierung des Güllener Volks in einer kleineren Zahl von Vertretern gereicht dem Stück sicher nicht zum Nachteil.«

(Basler Nachrichten, 9. 12. 1959)

Dürrenmatt als Regisseur (Elisabeth Brock-Sulzer)

»Simultaneffekte hat er in Nacheinander umgeformt. Er hat die Personenzahl vermindert; anders als es namentlich in fremdsprachigen Aufführungen des Stückes geschehen ist, wo beispielsweise die Ehemänner der Milliardärin reduziert worden sind – hier in Bern wurde vor allem die Menge der Güllener vermindert, dann fiel auch die Rolle des Malers weg, und die des Reporters wurde beschnitten. Für das Bühnenbild hatte man in Bern den klugen Einfall, in den Bahnhofsszenen eine Unterführung anzunehmen, was zu erstaunlich starken und dabei leicht zu verwirklichenden Effekten führt. [...] Mindestens so stark wie durch die beschränkte Bühnenmasse hat sich aber Dürrenmatt durch seine Darstellerin der ›alten Dame‹ bestimmen lassen: durch *Hilde Hildebrand*. Er hat ihr sogar eine neue Szene geschrieben, in der Ill sie um Gnade bittet. [...] Sollte Dürrenmatt diese neue Szene fest auf-

nehmen in seinen Text, so müßte er ihn wohl auch an anderen Werkstellen ändern und die vorher richtige Überdimensionierung des Sprachstils, den die alte Dame verwendet, herabsetzen. Auf jeden Fall ist aber diese Inszenierung ein neuer Beweis für die echt theatergemäße Gesinnung Dürrenmatts: er will durchaus seinen Instrumenten gerecht werden.«
(Die Tat, 21. 12. 1959)

»The Visit« in London (1960)

Bernhard Levin sieht die Lunts in ungewohnter Rolle und berichtet:
Dies ist brilliant – Triumph, Triumph, Triumph auf der ganzen Linie

»[...] Mr. Peter Brooks Inszenierung ist großartig kühn. In der berühmten Szene, wo sich das einstige Liebespaar zum letzten Mal trifft, ist die Bühne praktisch leer: nichts als schwarze Vorhänge und ›Flächen‹ und die beiden Figuren in der Mitte.
Ergebnis: Die Aufmerksamkeit wird konzentriert wie Sonnenstrahlen durch ein Brennglas. Und diese Szene ist typisch für Brook, der das Publikum fixiert wie die Güllener ihr Opfer: in einer Umringung drohender Figuren, einem geschlossenen Raum, einem Kreis von Licht. Und die schauspielerische Leistung? Es sind die Lunts. Sie, in altersloser Schönheit, verleiht Worten wie ›allein‹, ›Leben‹, ›Welt‹, einen Klang, der mir bis zum Tode nachhallen wird. Er, zuckend, hinfällig in dem Versuch, mutig zu sein, die Sünden der Welt sühnend. Sie treffen sich, trennen sich, treffen sich, trennen sich. Einzeln sind sie makellos und zusammen unbefleckt. Die Eröffnung des Royalty Theaters brachte Triumph, Triumph, Triumph, Triumph.«
(Daily Express, 26. 6. 1960; Übers. d. Verf.)

Die Ökonomien des Mordes (Kenneth Tynan)

»Peter Brooks Inszenierung erreicht London nach einer langen Spielzeit am Broadway und einer ausgedehnten Tournee durch Amerika. Sein Stil ist gedämpft und klinisch präzis, der grotesken Galgenpoesie des Stückes genau angepaßt. Die führenden Rollen spielen – mit großem Vorsprung – Lynn Fontanne und Alfred Lunt. Miss Fontanne ist die graziös versteinerte Verkörperung materieller Bosheit. Das ihr bestimmte Opfer, Mr. Lunt, trägt einen viel zu engen Anzug und bringt es fertig, zugleich abgehärmt, hoffnungsvoll und verwirrt auszusehen. Seine Stimme vibriert vor Protest, jeweils aufs Genaueste moduliert. Seine Hose ist an den Knien verbeult wie die eines Clowns. Doch die Laute, die er von sich gibt, wenn er sich aus Angst übergeben muß, sind ein so nackter Ausdruck der Qual, wie man ihn seit Oliviers Oedipus kaum gehört hat. Nach dem Ende dieses wilden und entnervenden Stückes verfolgt einen die Frage: Genau an welchem Punkt macht ökonomische Notwendigkeit Demokratie zum unausführbaren Schwindel?«
(The Observer, 26. 6. 1960; Übers. d. Verf.)

Film: Der Besuch (1963)

Bernhard Wickis Film ›The Visit‹ im Kino ABC (Martin Schlappner)

»›The Visit‹ von Bernhard Wicki, nach dem Theaterstück ›Der Besuch der alten Dame‹ von Friedrich Dürrenmatt gedreht, lief am Festival von Cannes im Frühling dieses Jahres als Beitrag der Bundesrepublik Deutschland, obwohl es sich um einen amerikanischen Film

handelt, nach Produktionsweise und künstlerischer Struktur. Es ist ein Film der Kompromisse [...]
[...] Bernhard Wicki ist letzten Endes nichts anderes übriggeblieben, als ein Melodrama der Rache auf die Leinwand zu bringen [...] Aus der schwarzen Komödie, aus der bitterbösen Satire Dürrenmatts mit ihrer übersteilen sozialen Anklage, [...] wurde also ein Melodrama der Rache, die aus verschmähter Liebe verübt wird. Die Bergman ist zu schön, zu jung, zu hinreißend, als daß sie das Geschlecht vergessen machen könnte, das sie eben vergessen machen muß, damit ihre Rache – im Sinne von Dürrenmatt – zu jener Dämonie auswachsen kann, deren sie bedarf, um wirklich zum Gleichnis der Verführung und Zerstörung durch das Geld werden zu können. Formal ist der Film Wickis – abgesehen von bemühenden Liebesszenen – fast durchgehend brillant gestaltet. Er zeugt von der künstlerischen Intelligenz des Regisseurs gerade dadurch, daß dieser – unter den so beschaffenen Umständen – den Schluß geändert hat. [...] Ill, der jetzt Miller heißt, wird nicht hingerichtet; das Ganze war, so ernst es begann, doch nur eine Farce der alten Dame. Dem widerspricht aber der Realismus, mit dem der Film in Szene gesetzt ist; der Realismus und der Ernst, der allen Humor, die Satire und den Ulk abtötet: alle Hintergründigkeit, alles Doppelbödige ist verdünnt ins Melodramatische, von dem zuletzt nur noch die Kolportage übrigbleibt. Der Film Wickis macht erneut deutlich, daß die Voraussetzungen eines literarisch gegebenen Stoffes, in diesem Fall die eines mit den Mitteln des modernen Theaters verfremdeten Stoffes, in der filmischen Adaption nicht ohne Not vernachlässigt werden dürfen, wenn dieser Stoff in seiner geistigen Struktur erhalten bleiben soll; es sei denn, man ändere radikal. [...] Wicki hat einen Film gedreht, der einen formal anspruchsvollen Stoff verharmlost und beim großen Publikum dennoch dafür nicht das Interesse einhandelt. Und er hat einen Film versäumt, der, hätte er die Welt Dürrenmatts filmisch transponiert, ohne ihr an Gewicht zu nehmen, einem auserlesenen Publikum ein künstlerischer Gewinn hätte zu werden vermögen, der jetzt ausbleibt. Daß er ausbleibt, daran ändert nichts, daß großartige Schauspieler mitwirken, ein Quinn, ein Schröder, bei denen die Formate der Rollen mit den Formaten als Darsteller sich gleichsetzen.«
(Neue Zürcher Zeitung, 3. 11. 1964)

Berlin/DDR (1965)

Biedermann und die Ökonomie (Jürgen Beckelmann)

»Auf den ›Besuch der alten Dame‹ akzentuiert, jene ›tragische Komödie‹, deren Ostberliner Premiere nunmehr in der Volksbühne am Luxemburgplatz stattfand, schrieb Kuczynski: ›Vorgeführt wird der Zusammenhang zwischen Ökonomie und Ideologie, die ökonomische Eroberung des Gewissens.‹ Im Programmheft wird jetzt dazu, zur theoretischen Untermauerung, die berühmte Passage aus dem ›Kommunistischen Manifest‹ zitiert: ›Die Bourgeoisie, wo sie zur Herrschaft gekommen, hat alle feudalen, patriarchalischen, idyllischen Verhältnisse zerstört. Sie hat kein anderes Band zwischen Mensch und Mensch übriggelassen als das nackte Interesse, als die gefühllose ‚bare Zahlung'. Sie hat die heiligen Schauer der frommen Schwärmerei, der ritterlichen Begeisterung, der spießbürgerlichen Wehmut in dem eiskalten Wasser egoistischer Berechnung ertränkt. Sie hat die persönliche Würde in den Tauschwert aufgelöst . . .‹
Dürrenmatts Stück spielt wohl um den Sinn dieser Sätze, doch umspielt es sie auch, so daß sie zur theoretischen Marginalie, nicht zum Kommentar des Stückes werden. Zwar operiert jene Claire Zachanassian [...] beständig mit der ›baren Zahlung‹: Sie erkauft sich von den Güllener Bürgern die Ermordung ihres einstigen Geliebten [...]. Doch warum? Nicht um die ›offene, unverschämte, direkte, dürre Ausbeutung‹ zu betreiben, die im zitierten ›Kom-

munistischen Manifest‹ beschrieben ist. Vielmehr will sie die Verletzung ihrer ›persönlichen Würde‹ rächen, die ihr von Ill und Güllenern in jungen Jahren zugefügt worden war [...]. Gerade die Multimillionärin ist es also, die sich dagegen wehrt, daß die ›persönliche Würde in den Tauschwert aufgelöst‹ werde. Und sie wehrt sich dagegen, indem sie – contradictio in adiecto – gerade dieses tut. Weil man es ihr angetan.

[...]
›Der Besuch der alten Dame‹ unter der Regie Fritz Bornemanns, mit Manja Behrens in der Hauptrolle und Albert Garbe als Alfred Ill war eine runde, gute, lobenswerte Aufführung. Doch fehlte ihr eben jene Schärfe, die das Stück auf westlichen Bühnen besitzt. Hier spricht es das Publikum direkt an. Es rührt auf und stört. In Ostberlin hat es diese Kraft nicht. Dort herrschen Verhältnisse, die Dürrenmatt gar nicht gemeint hat und auch nicht als erstrebenswert im Auge hatte. Die angriffige Praktikabilität, derentwegen westliche Bühnen dieses Stück spielen, der Verzicht auf Zukunftsvisionen, der die Kritik am Gegenwärtigen ungemein verschärft, sie werden dort als Inkonsequenz verstanden. Und mißdeutet.«
(Stuttgarter Zeitung, 30. 4. 1965)

Wiederaufführung in Basel (1966)

Aus der Distanz von zehn Jahren ... (C. R. Stange)

»Die Entwicklung der letzten zehn Jahre gibt Dürrenmatt recht, denn was in seiner Komödie Bürgermeister und Pfarrer, der Lehrer des Gymnasiums und die übrigen Honoratioren an Selbstverrat am ›Abendland‹ üben, geht über jeden Leitartikel weit hinaus. Die Rede des Lehrers im dritten Akt, der vor versammelter Stadtgemeinde und in Anwesenheit von Radio, TV und Wochenschau [...] das Geschäft der Stadt mit Claire in den Anbruch einer Ära der sozialen Gerechtigkeit ummuntert, stellt das Grundmuster aller Reden dar, die jederzeit überall gehalten werden. Dürrenmatt, besessen vom Trieb radikaler Entlarvung, hat Einfälle, die den Substanzverlust der Nachkriegswelt in ihren schrägsten Augenblicken überrascht.«
(Basler Nachrichten, 11. 3. 1966)

Von Einems Oper bei den Wiener Festwochen 1971

Tragikomödie mit artiger Musik (Wolfram Schwinger)

» [...] Dürrenmatt hat das Libretto selbst eingerichtet, geschickt zusammengestrichen und einen neuen Schluß erdacht: anstelle des antiken Tragödienchors [...] steht in der Oper nun der sogenannte Mörder-Tanz. [...] Sonst aber ist das Libretto dramaturgisch konventioneller als die Vorlage: Es wird auf die Simultanszene [...] verzichtet, auch auf solche Stilisierungen wie den von Personen dargestellten Wald. Kuckuck und Specht klingen dafür naturalistisch aus dem Orchester.
[...]
Dürrenmatts ›Tragische Komödie‹ war 1956 ein modernes Stück, eine bitterböse Satire, und wenn man sie heute liest, wirkt sie immer noch ätzend. Wenn überhaupt, dann hätte sie ein Mann vom Schlage Kurt Weills komponieren müssen, in einem neuen Dreigroschenopern- oder Mahagonny-Stil. [...]

Diese ›Alte Dame‹ nun ist [...] aber eben doch voll schaler, abgestandener Musik, der vor allem in ihrer ach so schönen intakten Tonalität und ihrer harmlosen motorischen Rhythmik jeder Sinn für die parodistische Schärfe des Textes abgeht, und da man – der üppigen wohligen Instrumentation wegen – jetzt nur noch relativ wenig Text versteht, ist kaum etwas vom Dürrenmatt übriggeblieben.«
(Stuttgarter Zeitung, 25. 5. 1971)

Wiederaufführung in Zürich (1977)

Juni-Festwochen Zürich, Corso Theater (Irma Voser)

»Nachdem Friedrich Dürrenmatts tragische Komödie ›Der Besuch der alten Dame‹ den Erdball umwandert hat, an jeder namhaften Bühne und in vielen Sprachen inszeniert worden ist, kehrt sie hierher zurück, wo vor einundzwanzig Jahren die Uraufführung stattfand. Die Auslegungen von Dürrenmatts Meisterwerk sind Legion: auf dem Theater und im Essay. Ist das Stück inzwischen zum klassischen Werk eingefroren? Hat es seine Brisanz eingebüßt, weil man es zu gut ›kennt‹? [...]
Das Stück hält stand. Vor allem im Vergleich zur zeitgenössischen Dramatik der letzten zwei Jahrzehnte. Wo wäre das Pendant, das solche dichterischen und theatralischen Qualitäten aufwiese; wo die Gestaltung eines Themas, die mit solcher Anschauungskraft Zeitloses in eine Fabel und in Bilder bannte? Das Stück hat sich jedenfalls behauptet, ob die neueste Interpretation einem zusage oder nicht.
Der Schlußbeifall war sehr reserviert. [...] Die Zuhörerschaft gehört meistenteils einer Altersschicht an, welche die Uraufführung noch im Gedächtnis hat; der Vergleich mag einer positiven Aufnahme im Weg stehen. Eine jüngere Generation wird in der Folge das Stück erstmals auf der Bühne sehen. Es bleibt abzuwarten, wie sie – unvoreingenommen – reagiert.«
(Neue Zürcher Zeitung, 14. 6. 1977)

Wiederaufführung in Bonn (1978)

Ostberliner Regieteam in Bonn (Werner Schulze-Reimpell)

»Erstaunlich problemlos, als wäre das etwas ganz Normales, realisierte sich ein Gastspiel eines Regieteams aus der DDR am Theater der Stadt Bonn. Friedo Solter vom Ostberliner Deutschen Theater inszenierte hier mit seinem Bühnenbildner Lothar Scharsich, [...] Dürrenmatts ›Besuch der alten Dame‹ und sorgte für den ersten Höhepunkt der neuen Theatersaison.
[...] Solter gelang in der für ihn ungewöhnlich kurzen Probezeit von ›nur‹ sieben Wochen eine grandiose Aufführung.
Dabei vertraute er ganz der Substanz des Textes und verbot sich verändernde Eingriffe oder ideologische Auslegungen. Seine Inszenierung erzählt ›die Geschichte von einem Mann, der für Geld verraten hat und nun vom Geld verraten wird‹, gleichsam werktreu als die Geschichte einer gigantischen bürgerlichen Heuchelei: ›Der Realschulhumanismus mitteleuropäischer Prägung macht die Salto mortales mit und ideologisiert den Mord.‹ Solter zeigt diesen Mechanismus, die Kapitulation auf Raten vor der übermächtigen Versuchung: Geld bricht Moral, wenn die Summe nur groß genug ist. Was wiegt denn schon ein Menschenleben gegen das Geschenk einer Milliarde?«
(Stuttgarter Zeitung, 6. 10. 1978)

Mainz (1980)

Im Schatten des Domes (Horst Köpke)

Der tote, der von seinen Mitbürgern kollektiv ermordete Alfred Ill wird herausgetragen. Die »Alte Dame« Cläre Zachanassian überreicht dem Bürgermeister von Güllen den Scheck über eine Milliarde. Das Stück scheint aus. Da dröhnt ein dreimaliger Fastnachtstusch durch das Theater »Da-daa, da-daa, da-daa«, leicht maskierte Damen in Abendkleidung strömen auf die Bühne, gesellen sich zu den Männern, die soeben – im Frack – gemordet haben, Sekt wird serviert, ein Karnevalsschlager erklingt: »Wir kommen alle, alle in den Himmel, weil wir so brav sind ...«. Dann erst fällt der Vorhang. So endet die hautnah auf die Mainzer Verhältnisse zugeschnittene Inszenierung des »Besuchs der alten Dame«, immer noch des besten Stücks von Friedrich Dürrenmatt. Regisseur war Albrecht Goetze [...]. Die »tragische Komödie« Dürrenmatts siedelt er nicht irgendwo in einem fernen Schwyzer Kaff an, sondern direkt im Schatten des Doms, dessen Seitenschiff – das Bühnenbild schuf Jürgen Aue – während der gesamten Aufführung den bedrohlichen Hintergrund bildet. Noch während die Besucher den Zuschauerraum betreten, teilt ein Pfarrer den Bewohnern der Stadt Güllen, die an ihm vorbeiziehen, das Abendmahl aus, wohl um zu zeigen, daß die Geschichte von dem verführten und verleumdeten Mädchen, die als Milliardärin in ihren Heimatort zurückkommt, um sich Gerechtigkeit mit Gnade zu erkaufen, hier und heute und eben auch in der Bischofsstadt spielen könnte. Dem Regisseur und dem Bühnenbildner gelangen manche eindrucksvollen Arrangements, so etwa, indem sie den Alfred Ill (Kurt Wolfinger) und den Bürgermeister (Hans-Jürgen Krützfeldt) ihr zentrales Gespräch in den Kassenboxen des Ill'schen Supermarktes führen lassen, den Dom, wie gesagt, immer im Hintergrund. Die Schwäche der Aufführung, die zumindest vor der Pause reichlich langsam abläuft, ist, daß keine geeignete Darstellerin der »Alten Dame« im Ensemble vorhanden ist. Ingeborg van Dyck tut, was sie kann, aber sie kann diese Frau, die eigentlich nicht mehr aus Fleisch und Blut ist, sondern zum moralischen Prinzip erstarrte, nicht glaubwürdig machen, die Sarkasmen nicht servieren, sie ist auch einfach noch zu jung, ist Güllenerin unter Güllenern.
Sieht man über dieses Manko hinweg – wichtig am Stück ist nicht das Verhalten der Cläre, sondern die Reaktionen der Bürger –, so ist im Großen Haus der Städtischen Bühnen eine bemerkenswerte Aufführung zu sehen, die nicht unbedingt als Beweis für die These herhalten muß, daß die Rettung des Theaters aus der Provinz kommt. Zu konstatieren, daß in der Provinz unabhängig von der Krise der »Großen« zuweilen recht einfallsreich gearbeitet wird, ist ja auch schon was.

(Frankfurter Rundschau, 18. 3. 1980)

Peking (1982)

Dürrenmatt und die chinesische Korruption (Hans Boller)

Das bekannte Drama »Der Besuch der alten Dame« von *Friedrich Dürrenmatt*, das dieser Tage im Pekinger Theater der Hauptstadt seine *chinesische Erstaufführung* erlebt hat (TA vom 13. 4.), ist von der Parteipresse einseitig als eine Kritik an der bürgerlichen Gesellschaftsordnung vorgestellt worden. Vom chinesischen Zuschauer dürfte es aber ebensosehr als Nachzeichnung chinesischer Wirklichkeit empfunden werden. Die Korrumpierbarkeit des Menschen und seiner moralischen (hier sozialistischen) Werte durch die Macht des Geldes ist zurzeit Thema einer breiten Propagandakampagne.

»Der Besuch der alten Dame« ist erstmals 1965 ins Chinesische übersetzt worden: im vergangenen Jahr folgte die Herausgabe eines chinesischen Sammelbandes mit fünf der bekanntesten Dramen des Schweizer Autors (darunter die »Physiker«, die gegenwärtig in *Shanghai* einstudiert werden, und »Romulus der Grosse«). Auf der Basis dieser Erstübersetzungen sollen derzeit auch in anderen chinesischen Städten und Provinzen Dürrenmatt-Aufführungen geplant sein. Im weiteren bekunden chinesische Studenten Interesse an den Werken *Max Frischs:* die Pekinger Universität hat sich die Inszenierung des Dramas »Biedermann und die Brandstifter« vorgenommen.

»Antikapitalistische Kernaussage«

In verschiedenen Kommentaren hat die chinesische Presse auf die Dürrenmatt-Premiere aufmerksam gemacht und übereinstimmend die »antikapitalistische Kernaussage« des Dramas hervorgehoben. Die Intellektuellenzeitung »Guangming Ribao« zum Beispiel stellte ihren Lesern den »Besuch der alten Dame« vor als »äußerst anschauliche Beschreibung der universalen Rolle des Geldes in der kapitalistischen Welt« sowie als »scharfe und tiefgehende Aufdeckung der blutigen Verbrechen des Kapitals, mit einer klaren Tendenz gegen den Monopolkapitalismus«. Einzig die »Jugendzeitung« rang sich die Feststellung ab, daß Dürrenmatt sein Werk »mit dem Gewissen eines Neutralen« geschrieben habe und sowohl seinen Verdruß über den Kapitalismus als auch seine Unzufriedenheit mit dem Sozialismus zum Ausdruck bringen wollte.
Während so hauptsächlich »die Kritik Dürrenmatts an ausländischen Verhältnissen« betont und etwa der Name »Güllen« bewußt nicht in vertrautes Chinesisch übersetzt wurde, räumen chinesische Verantwortliche im Gespräch ein, daß dem Stück auch unter den Bedingungen des Sozialismus *in China* höchste Aktualität zukomme. Vor kurzem hat die chinesische Parteiführung zu einer landesweiten Kampagne gegen Korruption aufgerufen, und beinahe täglich werden in der Presse irgendwelche illegalen »Geldbeziehungen« gegeißelt. Zweifellos vermag auch hierzulande Geld Teufel zu bewegen, wie es in einem alten chinesischen Sprichwort heißt. Der chinesische Darsteller Ills ist denn auch keineswegs sicher, ob sich seine Landsleute in einer vergleichbaren Situation so grundlegend anders als die Güllener verhalten würden. »Der Zuschauer wird automatisch den Inhalt auf die eigenen Verhältnisse übertragen«, vermutet auch Theaterregisseur *Lan Tianye,* »und dabei zu persönlichen Schlußfolgerungen gelangen.«
Beträchtliche Unabhängigkeit gegenüber den Vorstellungen des Autors beweist jedenfalls jener hochstehende chinesische Parteifunktionär, der den Kampf gegen die politischen Radikalen – Maos Witwe Jiang Qing als die alte Dame – als zentrales Thema des Stücks bezeichnet hat. Tatsächlich erinnert die Zachanassian (Hauptperson des Stücks) in ihrer kühlen, distanzierten Grausamkeit, in der Unerbittlichkeit, mit der sie ihre Ziele verfolgt, aber auch in ihrem Charme an die in China 1976 gestürzte Anführerin der maoistischen Radikalen. Es ist nicht auszuschließen, daß Dürrenmatts Stück vielen Chinesen die Schreckensherrschaft, etlichen wohl auch die Faszination der Mao-Witwe ins Gedächtnis zurückrufen wird. Um Anknüpfungspunkte braucht sich die »alte Dame« in China jedenfalls nicht zu sorgen. Schwerer dürfte dem chinesischen Publikum das Verständnis der spezifisch Dürrenmattschen Verbindung von Szenenkomik und tragischer Entwicklung fallen. In dieser Beziehung hat das Pekinger Theater Neuland betreten.

(Tages Anzeiger Zürich, 16. 4. 1982)

7 Literaturverzeichnis

1 Textausgaben

Der Besuch der alten Dame. Zürich: Verlag der Arche 1956 (11. Auflage 1968) (zitiert wird nach dieser Einzelausgabe).
Der Besuch der alten Dame. In: *Friedrich Dürrenmatt,* Komödien I. Sammelband. Zürich: Verlag der Arche 1957, S. 249–303.
Der Besuch der alten Dame. Eine tragische Komödie. Neufassung 1980, mit der Szene ›Ills Laden‹ (3. Akt) in einer Sondereinrichtung. In: *Friedrich Dürrenmatt,* Werkausgabe in dreißig Bänden. Hg. in Zusammenarbeit mit dem Autor. Zürich: Diogenes 1980, Bd. 5.
Der Besuch der alten Dame. Hg. *Paul Kurt Ackermann* (Boston University). Kommentierte Auslandsausgabe (Under the Editorship of *William G. Moulton,* Princeton University). Houghton: Mifflin Co. o. J.

2 Theoretische Schriften, Essays und Gespräche des Autors

Theater-Schriften und Reden. Hg. *Elisabeth Brock-Sulzer.* Zürich: Verlag der Arche (1966) ²1969 (zitiert als *Theater-Schriften*).
Dramaturgisches und Kritisches. Theater-Schriften und Reden II. Hg. *Elisabeth Brock-Sulzer.* Zürich: Verlag der Arche 1972 (zitiert als *Theater-Schriften II*).
Stoffe I–III. Zürich: Diogenes Verlag 1981
Die Werkausgabe in dreißig Bänden, Zürich 1980, enthält Dürrenmatts Schriften über »Theater«, »Kritik«, »Literatur und Kunst«, »Philosophie und Naturwissenschaft«, »Politik« in den Bänden 24, 25, 26, 27, 28.
Ernst Schumacher: Gespräch mit dem Schweizer Dramatiker. In: Panorama 5 (1961), Nr. 1, S. 5.
Werkstattgespräche mit Schriftstellern. Hg. *Horst Bieneck.* München 1962 (zitiert wird nach der dtv Ausgabe, München 1976: Gespräch mit Dürrenmatt, S. 120–136; zitiert als *Werkstattgespräche*).
Literarische Werkstatt. Hg. *Gertrud Simmerding* und *Christof Schmid.* München 1972: Interview mit Dürrenmatt nach einer Sendung des Bayerischen Schulfernsehens 1969, S. 9–18.
Der Schriftsteller in unserer Zeit. Schweizer Autoren bestimmen ihre Rolle in der Gesellschaft. Eine Dokumentation zu Sprache und Literatur der Gegenwart. Hg. *Peter André* und *Edwin Hubacher.* Bern 1972: Interview mit Dürrenmatt, S. 36–50.
Friedrich Dürrenmatt. Gespräch mit *Heinz Ludwig Arnold.* Zürich: Verlag der Arche 1976.
Dieter Fringeli: Nachdenken mit und über Friedrich Dürrenmatt. Ein Gespräch. Mit Photos illustriert von *Kurt Wyss.* Breitenbach: Jeger-Moll Verlag [1978].
Fritz J. Raddatz: »Ich bin der finsterste Komödienschreiber, den es gibt.« Ein Zeit-Gespräch mit Friedrich Dürrenmatt. In: Die Zeit, Nr. 43, 23. August 1985, S. 14 (Überseeausg.).
Friedrich Dürrenmatt, Die Welt als Labyrinth. Ein Gespräch mit *Franz Kreuzer.* Zürich 1986.
Friedrich Dürrenmatt, Selbstgespräch. In: Tintenfaß, Nr. 16, 1987, S. 53–56.
Friedrich Dürrenmatt (70). (Sonderausgabe) du. Die Zeitschrift der Kultur, Heft 1, Januar 1991. Hg. *Dieter Bachmann,* Zürich. [Enthält außer zahlreichen Illustrationen Schallplatte mit Lesung von Dürrenmatt].

3 Monographien, Sammelbände und größere Studien zum Werk Dürrenmatts

Arnold, Arnim: Friedrich Dürrenmatt. Berlin (1969) ³1974 = Köpfe des 20. Jahrhunderts 57. (Engl. Ausgabe: Friedrich Dürrenmatt. New York 1972 – Modern Literature Monographs by Ungar Publishing.)
Bänziger, Hans: Frisch und Dürrenmatt. Bern (1960) ⁵1967.
Brock-Sulzer, Elisabeth: Friedrich Dürrenmatt. Stationen seines Werkes. Zürich: Arche (1960) ⁴1973.
Brock-Sulzer, Elisabeth: Dürrenmatt in unserer Zeit. Eine Werkinterpretation nach Selbstzeugnissen. Basel (1968) ²1971.
Facetten. Studien zum 60. Geburtstag Friedrich Dürrenmatts. Hg. *Gerhard P. Knapp,* und *Gerd Labroisse.* Bern 1981 (zitiert als *Facetten*).
Jauslin, Christian M.: Friedrich Dürrenmatt. Zur Struktur seiner Dramen. Zürich 1964.
Jenny, Urs: Friedrich Dürrenmatt. Velber bei Hannover (1965) ³1968 = Friedrichs Dramatiker des Welttheaters 6.
Keel, Daniel (Hg.): Friedrich Dürrenmatt. Essays und Zeugnisse von Gottfried Benn bis Saul Bellow. Zürich 1980 = Diogenes Werkausgabe in dreißig Bänden, Bd. 30.
Keel, Daniel (Hg.): Herkules und Atlas. Lobreden und andere Versuche über Friedrich Dürrenmatt zum 70. Geburtstag. Friedrich Dürrenmatt zum 5.1. 1991. Zürich: Diogenes 1990.
Knapp, Gerhard P.: Friedrich Dürrenmatt. Stuttgart 1980 = Sammlung Metzler 196.
Knapp, Gerhard P. (Hg.): Friedrich Dürrenmatt. Studien zu seinem Werk. Heidelberg 1976.
Knopf, Jan: Friedrich Dürrenmatt. München 1976 = Autorenbücher 3 (4. neubearb. Aufl. 1988 = Beck'sche Reihe 611).
Knopf, Jan: Der Dramatiker Friedrich Dürrenmatt. Berlin: Henschel 1987.
Lazar, Moshe (Hg.): Play Dürrenmatt. Malibu: Undena Publications 1983.
Peppard, Murray B.: Friedrich Dürrenmatt. New York 1969 = Twayne World Author Series 87.
Profitlich, Ulrich: Friedrich Dürrenmatt. Komödienbegriff und Komödienstruktur. Stuttgart 1973 (a).
Schmidt, Karl: Friedrich Dürrenmatt: Der Besuch der alten Dame. Erläuterungen und Dokumente. Stuttgart 1975 = Reclams UB 8130.
Schneider, Peter: Die Fragwürdigkeit des Rechts im Werk von Friedrich Dürrenmatt. Karlsruhe 1967 = Juristische Studiengesellschaft Karlsruhe Schriftenreihe 80.
Spycher, Peter: Friedrich Dürrenmatt. Das erzählerische Werk. Frauenfeld, Stuttgart 1972.
Syberberg, Hans-Jürgen: Interpretationen zum Drama Friedrich Dürrenmatts. Zwei Modellinterpretationen zur Wesensdeutung des modernen Dramas. München ²1965.
Text + Kritik 50/51 (1976): Friedrich Dürrenmatt I.
Text + Kritik 56 (1977): Friedrich Dürrenmatt II.
Tiusanen, Timo: Dürrenmatt. A Study in Plays, Prose, Theory. Princeton University Press 1977.
Der unbequeme Dürrenmatt. Mit Beiträgen von *Gottfried Benn, Elisabeth Brock-Sulzer, Fritz Buri, Reinhold Grimm, Hans Mayer* und *Werner Oberle.* Basel 1962 = Theater unserer Zeit 4.
Whitton, Kenneth S.: The Theatre of Friedrich Dürrenmatt. A Study in the Possibility of Freedom. London, New York: Oswald Wolff 1980.
Whitton, Kenneth S.: Dürrenmatt. Reinterpretation in Retrospect. New York, Oxford, Munich: Oswald Wolff 1990.

4 Dürrenmatts Werk im Rahmen von umfassenden Studien zum Modernen Drama und in gesammelten Interpretationen von Dramen und Komödien

Allemann, Beda: Dürrenmatt. Es steht geschrieben. In: Das deutsche Drama II. Vom Realismus bis zur Gegenwart. Hg. *Benno von Wiese.* Düsseldorf 1968, S. 420–438.

Allemann, Beda: Die Struktur der Komödie bei Frisch und Dürrenmatt. In: Das deutsche Lustspiel II. Hg. *Hans Steffen.* Göttingen 1969, S. 200–217.

Breuer, Paul-Josef: Friedrich Dürrenmatt. Der Besuch der alten Dame. In: Europäische Komödien. Hg. *Kurt Bräutigam.* Frankfurt 1964, S. 214–242.

Durzak, Manfred: Dürrenmatt, Frisch, Weiss. Deutsches Drama der Gegenwart zwischen Kritik und Utopie. Stuttgart 1972.

Geißler, Rolf (Hg.): Zur Interpretation des modernen Dramas. Brecht – Dürrenmatt – Frisch. Frankfurt [10]1980.

Goodman, Randolph: Drama on Stage. New York, Chicago, San Francisco, Toronto 1966 (zu Friedrich Dürrenmatt: The Visit, S. 378–468; Übers. d. Verf.).

Guthke, Karl S.: Geschichte und Poetik der deutschen Tragikomödie. Göttingen 1961.

Heidsieck, Arnold: Das Groteske und das Absurde im modernen Drama. Stuttgart 1969.

Hinck, Walter: Das moderne Drama in Deutschland. Vom expressionistischen zum dokumentarischen Theater. Göttingen 1973.

Kayser, Wolfgang: Das Groteske. Seine Gestaltung in Malerei und Dichtung. Oldenburg 1957.

Klarmann, Adolf D.: Friedrich Dürrenmatt and the Tragic Sense of Comedy. In: Modern Drama. Essays in Criticism. Ed. *Travis Bogard, William I. Olivier.* New York 1965, S. 99–133.

Kott, Jan: Theatre-Notebook 1947–1967. Übers. aus dem Polnischen von *Boleslaw Taborsky.* New York 1968 (Übers. aus dem Engl. d. Verf.).

Loeffler, Michael Peter: Friedrich Dürrenmatts ›Der Besuch der alten Dame‹ in New York. Ein Kapitel aus der Rezeptionsgeschichte der neueren Schweizer Dramatik. Basel, Stuttgart 1976.

Martini, Fritz: Das Drama der Gegenwart. In: Deutsche Literatur in unserer Zeit. Hg. *Wolfgang Kayser.* Göttingen 1959.

Malsch, Wilfried: Theoretische Aspekte der modernen Komödie. In: Die deutsche Komödie. Hg. *Wolfgang Paulsen.* Heidelberg 1976.

Mennemeier, F. N.: Modernes deutsches Drama 2 (1933 bis zur Gegenwart). München 1975 = UTB 425.

Motekat, Helmut: Das zeitgenössische deutsche Drama. Einführung und kritische Analyse. Stuttgart 1977 = Sprache und Literatur 90.

Neumann, Gerhard: Dramaturgie der Panne. In: Dürrenmatt, Frisch, Weiss. Drei Entwürfe zum Drama der Gegenwart. Hg. *Gerhard Baumann.* München 1969, S. 27–59.

Profitlich, Ulrich: Friedrich Dürrenmatt. In: Deutsche Dichter der Gegenwart. Hg. *Benno von Wiese.* Berlin 1973 (b).

Profitlich, Ulrich: Friedrich Dürrenmatt. Der Besuch der alten Dame. In: Die deutsche Komödie vom Mittelalter bis zur Gegenwart. Hg. *Walter Hinck.* Düsseldorf 1977, S. 324–341, S. 406.

Trommler, Frank: Komödie und Öffentlichkeit nach dem Zweiten Weltkrieg. In: Die Deutsche Komödie. Hg. *Wolfgang Paulsen.* Heidelberg 1976.

Zolotow, Maurice: Stagestruck. The Romance of Alfred Lunt and Lynn Fontanne. New York 1964 (Übers. d. Verf.).

5 Essays und Einzelinterpretationen

Askew, Melvin W.: Dürrenmatt's The Visit of the Old Lady. In: The Tulane Drama Review 5 (June 1961), S. 89–105 (Übers. d. Verf.).
Daviau, Donald G. und *Dunkle, Harvey I.:* Friedrich Dürrenmatt's ›Der Besuch der alten Dame‹. A Parable of Western Society in Transition. In: Modern Language Quarterly 35 (1974), S. 302–316 (Übers. d. Verf.).
Dick, E. S.: Dürrenmatts »Der Besuch der alten Dame.« Welttheater und Ritualspiel. In: Zeitschrift für deutsche Philologie 87 (1968), S. 498–509.
Diller, Edward: Friedrich Dürrenmatt's Theological Concept of History. In: German Quarterly 40 (1967), S. 363–371.
Fickert, Kurt J.: Dürrenmatt's ›The Visit‹ and Job. In: Books Abroad 41 (1967), S. 389–392 (Übers. d. Verf.).
Frizen, Werner: Friedrich Dürrenmatt. »Der Besuch der alten Dame«. Interpretation. München ²1988.
Durzak, Manfred: Die Travestie der Tragödie in Dürrenmatts ›Der Besuch der alten Dame‹ und ›Die Physiker‹. In: Der Deutschunterricht 28 (1976), H. 6, S. 86–96.
Guth, Hans P.: Dürrenmatt's ›Visit‹: The Play behind the Play. In: Symposium 16 (1962), S. 94–102.
Haberkamm, Klaus: Die alte Dame in Andorra. Zwei Schweizer Parabeln des nationalsozialistischen Antisemitismus. In: Gegenwartsliteratur und Drittes Reich. Hg. *Hans Wagener.* Stuttgart 1977, S. 95–110.
Hanson, Klaus: Dürrenmatt's Sublime Lady Criminals. In: Research Studies 44 (1976), S. 229–240.
Helbling, Robert E.: The Function of the »Grotesque« in Dürrenmatt. In: Satire Newsletter 4 (1966), S. 11–19.
Holzapfel, Robert: The Divine Plan behind the Plays of Friedrich Dürrenmatt. In: Modern Drama 8 (1965), S. 237–246.
Hortenbach, Jenny C.: Biblical Echoes in Dürrenmatt's »Der Besuch der alten Dame«. In: Monatshefte 67 (1965), S. 145–161 (Übers. d. Verf.).
Koester, Rudolf: Everyman and Mammon – The Persistence of a Theme in Modern German Drama. In: Revue des Langues Vivantes 35 (1969), S. 368–380 (Übers. d. Verf.).
Krywalski, Diether: Säkularisiertes Mysterienspiel? Zum Theater Friedrich Dürrenmatts. In: Stimmen der Zeit 179 (1967), S. 344–356.
Kuczynski, Jürgen: Friedrich Dürrenmatt – Humanist I & II. In: Neue Deutsche Literatur 12 (1964) H. 8, S. 59–89; und 12 (1964), H. 9, S. 35–55.
Kühne, Erich: Satire und groteske Dramatik. Über weltanschauliche und künstlerische Probleme bei Dürrenmatt. In: Weimarer Beiträge 12 (1966), S. 539–565.
Labroisse, Gerd: Die Alibisierung des Handelns in Dürrenmatts »Der Besuch der alten Dame«. In: Facetten. Studien zum 60. Geburtstag Friedrich Dürrenmatts. Hg. *Gerhard P. Knapp, Gerd Labroisse.* Bern: Peter Lang 1981.
Lefcourt, Charles R.: Dürrenmatt's Güllen and Twain's Hadleybury. The Corruption of Two Towns. In: Revue des Langues Vivantes 33 (1967), S. 303–308.
Loram, Ian C.: »Der Besuch der alten Dame« and »The Visit«. In: Monatshefte 53 (1961), S. 15–21.
Maltzan, Carlotta von: Bemerkungen zur Macht in Dürrenmatts »Der Besuch der alten Dame«. In: Acta Germanica 19, 1988 (1989), S. 123–135.
Mayer, Hans: Friedrich Dürrenmatt. In: Zeitschrift für deutsche Philologie 87 (1968), S. 482–498.
Neuse, K. Erna: Das Rhetorische in Dürrenmatts ›Der Besuch der alten Dame‹: Zur Funktion des Dialogs im Drama. In: Seminar 11 (1975), S. 225–241 (Übers. d. Verf.).
Pfefferkorn, Eli: Dürrenmatt's Mass Play. In: Modern Drama 12 (1969/70), S. 30–37.

Profitlich, Ulrich: Der Zufall in den Komödien und Detektivromanen Friedrich Dürrenmatts. In: Zeitschrift für deutsche Philologie 90 (1971), S. 258–280.

Reed, Eugene E.: Dürrenmatt's »Der Besuch der alten Dame«: A Study in the Grotesque. In: Monatshefte 53 (1961), S. 9–14.

Riess, Curt: The Shocking World of Friedrich Dürrenmatt. In: Esquire 55 (1961), S. 119 f.

Rogoff, Gordon: Mr. Duerrenmatt Buys New Shoes. In: Tulane Drama Review (1958), H. 3, S. 27–34.

Sanford, John E.: The Anonymous Characters in Dürrenmatt's ›Der Besuch der alten Dame‹. In: German Life and Letters 24 (1970/71), S. 335–345.

Schweizer, Eduard: Friedrich Dürrenmatt, Besuch der alten Dame. In: Reformatio 5 (1956), S. 154–161.

Speidel, E.: ›Aristotelian‹ and ›Non-Aristotelian‹ Elements in Dürrenmatt's ›Der Besuch der alten Dame‹. In: German Life and Letters 28 (1974/75), S. 14–24 (Übers. d. Verf.).

Steiner, Jacob: Die Komödie Dürrenmatts. In: Der Deutschunterricht 15 (1963), H. 6, S. 14–24.

Struc, Roman S.: Sinn und Sinnlosigkeit des Opfers: Gotthelfs ›Die schwarze Spinne‹ und Dürrenmatts ›Der Besuch der alten Dame‹. In: Proceedings, Pacific Northwest Conference on Foreign Languages 25 (1974), S. 114–117.

Stumm, Reinhardt: Der Riese vom Berge. Friedrich Dürrenmatt: »Stoffe I–III.« In: Die Zeit, Nr. 50, 11. Dezember 1981, S. 27 (Überseeausg.).

Valency, Maurice: ›The Visit‹ – A Modern Tragedy. In: Theater Arts 42 (May 1958), S. 17, 90, 91.

Waldmann, Günter: Dürrenmatts paradoxes Theater. Die Komödie des christlichen Glaubens. In: Wirkendes Wort 14 (1964), S. 22–35.

Wellwarth, George E.: Friedrich Dürrenmatt and Max Frisch. Two Views of the Drama. In: Tulane Drama Review 6 (1962), S. 14–42 (Übers. d. Verf.).

Wilson, Roger Edward: The Devouring Mother: An Analysis of Dürrenmatt's ›Der Besuch der alten Dame‹. In: Germanic Review 52 (1977), S. 274–288 (Übers. d. Verf.).

Wysling, Hans: Dramaturgische Probleme in Frischs ›Andorra‹ und Dürrenmatts ›Besuch der alten Dame‹. In: Akten des V. Internationalen Germanistenkongresses Cambridge 1975. Frankfurt 1976 = Jb. für Internationale Germanistik, Reihe A2, S. 425–431.

Grundlagen und Gedanken zum Verständnis des Dramas

Interpretationshilfen

Herausgegeben von Hans-Gert Roloff.

Neuere Dramenliteratur

Anouilh, Antigone. (W. Schrank)	(6070)
Beckett, Warten auf Godot. (G. P. und M. Knapp)	(6081)
Bernhard, Heldenplatz. (F. van Ingen)	(6072)
Borchert, Draußen vor der Tür. (B. Balzer)	(6087)
Brecht, Der aufhaltsame Aufstieg des Arturo Ui. (D. Thiele)	(6098)
Brecht, Die Dreigroschenoper. (D. Wöhrle)	(6097)
Brecht, Furcht und Elend des Dritten Reiches. (W. Busch)	(6090)
Brecht, Der gute Mensch von Sezuan. (J. Knopf)	(6088)
Brecht, Herr Puntila und sein Knecht Matti. (S. Mews)	(6076)
Brecht, Der Jasager und der Neinsager. (R. Jaretzky)	(6067)
Brecht, Der kaukasische Kreidekreis. (S. Mews)	(6082)
Brecht, Leben des Galilei. (H. Knust)	(6084)
Brecht, Mutter Courage und ihre Kinder. (D. Thiele)	(6089)
Dürrenmatt, Der Besuch der alten Dame. (S. Mayer)	(6080)
Dürrenmatt, Die Physiker. (G. P. Knapp)	(6079)
Frisch, Andorra. (G. P. und M. Knapp)	(6071)
Frisch, Biedermann und die Brandstifter. (G. Jordan)	(6085)
Handke, Kaspar. (R. Voris)	(6064)
Hauptmann, Die Weber. (G. Schildberg-Schroth)	(6083)
Hochhuth, Der Stellvertreter. (B. Balzer)	(6092)
Hofmannsthal, Jedermann. (H. Müller)	(6366)
Horváth, Geschichten aus dem Wienerwald. (F. Hobek)	(6069)
Ibsen, Nora oder Ein Puppenheim. (D. Bänsch)	(6066)
Kipphardt, In der Sache J. Robert Oppenheimer. (F. van Ingen)	(6078)
Wedekind, Frühlings Erwachen. (G. Pickerodt)	(6068)
Weiss, Die Ermittlung. (G. Weinreich)	(6073)
Weiss, Marat/Sade. (G. Weinreich)	(6074)
Zuckmayer, Der Hauptmann von Köpenick. (S. Mews)	(6363)
Zuckmayer, Des Teufels General. (S. Mews)	(6367)

Diesterweg